LE SIÉGE DE PARIS

ET

LA DÉFENSE NATIONALE

Paris. — Impr. Émile Voitelain et Cⁱᵉ, rue J.-J. Rousseau, 61.

EDGAR QUINET

LE
SIÉGE DE PARIS

ET

LA DÉFENSE NATIONALE

PARIS

LIBRAIRIE INTERNATIONALE

A. LACROIX, VERBOECKHOVEN ET Cie, ÉDITEURS

15, boulevard Montmartre et faubourg Montmartre, 13

MÊME MAISON A BRUXELLES, A LEIPZIG ET A LIVOURNE

1871

Tous droits de traduction et de reproduction réservés

Les cinq mois du siége de Paris resteront dans la mémoire des hommes comme les plus beaux de notre histoire. Que ne doit-on pas attendre d'un peuple qui a offert au monde un pareil exemple? La nation qui l'a donné est immortelle entre toutes, elle ne périra pas.

Heureux les jours où nous mangions notre pain noir mêlé de paille, où les obus pleuvaient sur nos toits!

Puissent les pages qui suivent garder une empreinte de ces jours de combat où tout était grand! Ils portent en eux le salut et l'avenir de la France.

En se les rappelant, chaque Français a le droit de se dire : Je ne suis pas vaincu.

EDGAR QUINET.

Paris, 11 février 1871.

LE
SIÉGE DE PARIS

ET

LA DÉFENSE NATIONALE

I

AUX FRANÇAIS

Français, mes chers compatriotes,

Mon exil de dix-neuf ans voulait dire que le gouvernement du Deux-Décembre ne pouvait produire que l'esclavage et la ruine de la France.

Ce gouvernement est tombé, la justice est satisfaite, l'honneur est sauf. Mon exil n'a plus de raison d'être. Je viens parmi vous m'associer à vos périls.

En rentrant à Paris, ma première parole est : Vive Paris ! Vive à jamais ce foyer de civilisation ! Vouloir l'investir, c'est prétendre investir la civilisation elle-même.

Qu'avons-nous à craindre ? l'humanité entière est avec nous.

Union, union de tous avec le gouvernement de la défense nationale.

Nous sommes revenus au droit, à la vérité, à la justice. Tout cela s'appelle la République.

Après ce long esclavage, la France est rentrée dans la liberté ; elle s'enveloppe du drapeau de la démocratie républicaine ; c'est le drapeau de tous les peuples. La terre a encore une fois reconnu en elle le soldat du droit.

Plus de subterfuges ! plus de familles princières substituées à l'intérêt de tous ! Le péril est trop certain pour que nous puissions jouer avec nous-mêmes. L'instinct du salut nous crie : Un prince nous a jetés dans l'abîme. Ce n'est pas un prince, une dynastie qui nous en fera sortir. C'est nous-mêmes. La France seule peut sauver la France.

L'héroïsme même de nos soldats nous a montré ceci : puisqu'ils n'ont pas vaincu, c'est qu'il n'était pas possible de vaincre sous le drapeau du Deux-Décembre.

Nous avons repris ce drapeau républicain qui n'a jamais été souillé par l'invasion.

Il a reparu de lui-même, avec la plus grande légalité qui soit au monde : par la force des choses et l'acclamation de la nation qui y voit son salut.

Là, et nulle part ailleurs, est l'étendard de cette force morale que le général Trochu invoquait ces derniers jours.

Tous les peuples sentent qu'il s'agit ici de leur cause, puisqu'il s'agit de justice, de vérité. C'est un gage de victoire d'avoir pour soi l'adhésion de tous les peuples et même, en secret, celle de nos ennemis.

Allemands de toutes races, votre sincérité est mise à l'épreuve ; vous avez dit, vous avez répété par la bouche du roi de Prusse, par celle du prince royal, par celle de vos publicistes, que vous faisiez la guerre non pas à la France, mais au chef du gouvernement.

L'occasion est venue de montrer votre franchise.

Le chef criminel de ce gouvernement qui nous a trompés les uns et les autres, s'est précipité lui-même dans le gouffre. Il a disparu, il n'est plus. Il a été vomi par la nation française.

Les assemblées qui lui servaient d'instrument ont été brisées comme lui. Que faut-il de plus?

Les crimes commis contre la France et le monde ont été châtiés. C'est l'arrêt de la suprême justice. Voulez-vous à votre tour condamner la justice? Voulez-vous refaire l'usurpation sous d'autres noms?

Si vous avez été sincères dans vos déclarations unanimes, la cause de la guerre a disparu avec notre ennemi commun.

Si, au contraire, vous vous obstinez dans la guerre, quand la justice a prononcé et que la cause de la guerre a disparu, vous n'échapperez pas au reproche d'avoir voulu tromper la France.

Dans ce cas, ce n'est plus à nous seuls que vous faites la guerre. C'est à la vérité, et vous perdriez la renommée de la vieille franchise allemande.

Voulez-vous donc recommencer le système du parjure qui vient de s'écrouler sous nos malédictions et sous les vôtres?

Voulez-vous vous substituer à ce régime de duplicité qui vient de finir? Est-ce pour cela que vous vous êtes armés?

Vous n'arracherez pas du cœur des peuples cette idée de justice que nous venons de relever; elle est indestructible, immortelle, et vous irez vous briser contre cet instinct du genre humain!

On dirait, on aurait le droit de dire que les peuples allemands ont, à leur tour, trompé les peuples, et qu'ils n'ont combattu la fraude que pour la recommencer à leur profit. Ce serait l'écueil et la ruine de la civilisation allemande.

Nous aussi, Dieu merci ! nous avons été rassasiés de victoires. Elles se sont retournées contre nous, le jour où nous avons paru infidèles au droit et à la conscience humaine.

La réprobation de l'histoire vous attend, si notre exemple est perdu pour vous, si vous bravez une nation qui représente désormais la justice, la liberté, et qui n'est plus armée que pour la cause de toutes les nations.

Ce serait la politique que vous avez accusée dans Louis XIV et dans Napoléon; vous échoueriez comme eux.

Pour nous, la République a déjà fait cesser toute division. Nous sommes sur le terrain commun à tous les peuples. Nous combattrons en pleine lumière; nous défendons la cause du genre humain. Cette cause ne peut périr.

Paris, 9 septembre 1870.

II

L'UNION [1]

La suprême bataille est engagée sous les murs de Paris; le canon tonne, le cercle de fer et de feu étreint la ville sainte. Jamais la France ne fut plus belle et plus grande. A quelle époque de l'histoire vit-on une nation décimée, ravagée par l'invasion, faire face à tant de périls avec un sang-froid, un ordre, un calme qui n'ont d'égal que la grandeur des sacrifices? Cette France que vingt ans de tyrannie et de corruption césariennes semblaient avoir dénaturée, ces provinces épuisées par les réquisitions ennemies et par les immenses pertes d'hommes et d'argent, en quelques jours, d'un élan spontané, envoient à Paris deux cent mille défenseurs.

Ils arrivent joyeux, enthousiastes, ou graves et résolus, ces enfants de Bretagne, de Bourgogne, de Franche-Comté, de Provence et de

(1) Par Mme Quinet.

Bresse; ils marchent d'un pas allègre, les branches vertes entremêlées à leurs fusils. Une heure après, ils manœuvrent sur nos places publiques; citoyens, femmes et enfants autour d'eux font cercle; les regards, les cœurs suivent chaque mouvement des jeunes soldats.

Aujourd'hui les voilà aux prises avec des forces quadruples. Dans les combats de Clamart, de Châtillon, de Villejuif, de Stains, nos braves mobiles, au feu pour la première fois, se montrent plus fermes, plus équilibrés que les vieilles troupes.

En les voyant défiler au chant de la *Marseillaise*, nous augurions bien de leur enthousiasme; ils ont dépassé nos espérances.

C'est que les mobiles sont les enfants de la République, les défenseurs, non d'un parti, d'une dynastie, mais de la patrie. Ce sont les forces vives du pays; la France est là tout entière dans ces rangs, confondue dans un même amour du sol natal; toutes les provinces du nord, du midi, de l'ouest, de l'est, fraternisent sous le même drapeau républicain, prêtes à s'immoler au devoir.

Paris a juré de rester fidèle à ce devoir simple et sublime : défendre l'honneur national, la liberté! Et ce serment est répété par deux cent mille gardes nationaux.

Les citoyens de tout âge, hommes et femmes, tout ce qui porte un cœur français, tous ceux qui demeurent volontairement au poste du danger, tous dans cette grande cité qu'on appelle Paris et qui renferme la France, tous sont unis dans la pensée du devoir. Ils l'accomplissent avec fermeté et simplicité; pas une seule figure effarée dans les rues. Les trembleurs ont fui, les braves seuls sont restés.

Voyez ces femmes au seuil des portes, les passants dans la rue, quel air calme et résolu! Ce peuple si vif, si remuant, si nerveux, n'a-t-il pas retrouvé dans ces jours de péril suprême des vertus stoïques? Le courage, l'abnégation du peuple de Paris sont dignes des plus belles dates de l'histoire. Jadis, dans la crise suprême, un gouvernement terrible électrisait la nation et la faisait marcher; ici c'est le peuple qui entraîne ses chefs.

Ce spectacle de la France est plein de grandeur. Si la République de 92 a triomphé du péril, la République de 1870 n'a-t-elle pas aussi des garanties de victoire? Aujourd'hui comme jadis, il y a des cœurs intrépides, de grandes âmes, un peuple qui a la volonté *d'être*. Pas une goutte de sang français n'entache la naissance de notre République. L'amour du sol sacré aiguillonne seul les légions qui marchent à la victoire ou à la mort.

Ah! nous sommes fiers de Paris, de la France! L'Europe égoïste et inerte nous abandonne, Paris ne s'abandonne pas. Notre espoir, c'est que la France étonnera le monde par la grandeur de sa résistance, par la sagesse de sa vie publique; la liberté fera ce prodige.

Si nous survivons au bombardement dont on nous menace, quels jours de triomphe et de vraie gloire! Nous travesrons la mort pour reconquérir une vie purifiée des souillures de l'empire; elles sont déjà effacées par l'immortelle journée du 4 septembre.

Depuis cette heure, Paris a grandi sans cesse; on est ému aux larmes, électrisé toutes les fois qu'on se mêle à la foule. Que nous sommes heureux de respirer depuis quinze jours ce souffle d'héroïsme! Que nous avions hâte de partager le sort des Parisiens!

Le gouvernement du 2 décembre a précipité la nation dans la situation la plus tragique dont les annales humaines fassent mention. Un drame antique, un récit romanesque, une page d'histoire, qui approcheraient de la situation faite à la France, épouvanteraient l'imagination. Eh bien! cette situation est la nôtre; c'est la vivante réalité, l'actualité sanglante; le moment présent est plein d'horreur, et pourtant Paris n'a jamais montré plus de calme et de sérénité. L'équilibre moral, l'ordre matériel, n'ont jamais été aussi parfaits.

C'est que l'élite de la France vit et respire dans cette enceinte de Paris. Centralisation sublime d'une grande nation à l'heure du péril. Depuis la fédération de 92, on ne vit jamais aussi vaste fusion des provinces dans Paris.

Pour la première fois depuis cette guerre impie, nous avons le droit d'invoquer les dates immortelles de la révolution, un moment profanées par les ineptes histrions qui conduisirent nos armées à la boucherie. La République, née le lendemain d'une catastrophe colossale, la République a recueilli avec intrépidité l'héritage des désastres légué par l'empire. Dépouillée de tout, soldats, armes, munitions, la République créa en quinze jours une armée de quatre cent mille combattants ; ces enfants de la République n'opposent pas seulement à l'ennemi fusils, canons, mitrailleuses, mais l'armure invincible du patriotisme.

Quel pays fut jamais aussi digne de respect et d'amour que cette France lâchement trahie par l'homme de Sedan ! Plus d'armées, l'invasion avance, les torrents ennemis inondent les plaines, les défilés ; marée montante qui submerge villes et villages; déjà ses flots viennent battre les remparts de Paris, et cependant la foi du peuple n'a pas vacillé un moment.

Au danger réel n'ajoutons pas les dangers imaginaires, n'affaiblissons pas nos forces par ce dissolvant des âmes : le doute. De toutes les pensées, la plus réconfortante c'est que la France, délivrée du césarisme, représente enfin la justice, le droit. Voilà les dieux tutélaires qui combattront avec nous. Quatre cent mille Français libres défendent sur les remparts de Paris une France régénérée. La flamme de la liberté éclaire la veillée des armes.

Au milieu de ces jours terribles, une joie sublime remplit nos âmes à cette pensée : le peuple s'est retrouvé! La nation a ressaisi sa souveraineté, la vie morale renaît, la vérité circule dans l'air plus vivifiante que le souffle des hautes cîmes. En levant les yeux, en voyant rayonner partout sur nos places publiques ces mots radieux : « République française, » on tressaille, on sent l'orgueil de la conquête; nous sommes déjà les vainqueurs; Paris a expulsé l'ennemi intérieur, le 2 décembre est effacé, l'empire romain est tombé; nous n'aurons plus les douze Césars, jamais en France un Bonaparte ne régnera!

Les autres nations nous ont longtemps jeté

cette injure : « La France abuse de la liberté, « elle ne peut la supporter, elle n'est pas faite « pour la République, il lui faut une dictature, « une main de fer. » Eh bien! cette dictature a garrotté pendant vingt ans la France, cette main de fer l'a livrée aux Prussiens.

La République brise les chaînes du pays et lui remet l'arme des forts, la liberté. Dejà nous montrons à l'ennemi que le corps paralysé de la nation a retrouvé sa vigueur; montrons-lui par notre union que l'âme de la nation retrempée dans la liberté s'élève au-dessus des funestes divisions de parti. Que toutes les volontés unies en faisceau défendent la République.

Rendons à César ce qui appartient à César! rendons-le responsable de nos désastres. Mais ces désastres auront une fin; aujourd'hui tous les bras, tous les cœurs s'unissent pour chasser l'ennemi que l'homme de décembre a attiré sur la France, sur Paris. Mais l'heure de la paix, de la victoire, sonnera; et alors ces mêmes forces de la patrie, unies dans une défense commune, repousseront l'ignorance et la misère, et feront servir les ressources de la France à son bien-être matériel et moral.

Français, voici le moment le plus sublime de notre vie nationale! Il s'agit de repousser l'invasion et d'effacer par des prodiges d'héroïsme et de sagesse la honte de ces vingt années. Votre désunion seule a prolongé le règne monstrueux de l'homme de décembre. Votre union seule sauvera la patrie et guérira de si grandes blessures. Unis dans le péril, restons unis après la victoire. Soyons un peuple de frères qui travaille résolûment à fonder une libérté durable.

Paris, 21 septembre 1870.

III

L'ARMÉE DE SECOURS

Le siége de Paris a commencé; les esprits, les courages sont à la hauteur du danger. De premiers succès ont répondu à l'avénement de la République; partout est proclamée l'union; l'ennemi, qui ne comptait que sur nos discordes, est obligé de reconnaître qu'il a affaire à une nation, inébranlable dans sa volonté de sauver avec la France la liberté du monde.

Tout cela est grand, tout cela promet la victoire; mais aujourd'hui, la défense de Paris assurée, quelle pensée doit occuper les départements?

Cette pensée ne peut être que de former des armées de secours.

Paris est devenu le point fixe sur lequel s'appuie en ce moment la nation entière.

Il s'agit maintenant de faire surgir de cette innombrable population de France une armée puissante qui vienne placer l'ennemi entre le feu des provinces et le feu de Paris.

Il s'agit d'étreindre l'ennemi entre Paris et la France.

Paris est à son poste de combat. Que la France des provinces, organisée en armées, vienne à son tour prendre sa place derrière les Prussiens et les envelopper comme ils nous enveloppent.

Là est le nœud de la défense nationale, là est le principe militaire de la défense. Que les Prussiens, pris en queue et en tête, soient cernés sous les murs de la capitale par les forces organisées en province.

Voilà le salut. C'est pour cette combinaison militaire qu'ont été faites les fortifications de Paris; c'est pour cela que Paris les défend avec héroïsme.

La question n'est pas de former des corps séparés pour couvrir chaque province. Ce serait encore une fois se livrer en détail à l'ennemi. Il s'agit, après avoir constitué des corps isolés, d'en former des armées, de tenir ces armées étroitement unies, inséparables, et de marcher tous ensemble sur ce grand champ de bataille où Paris tient tête aux envahisseurs.

Là est la nécessité, là est la victoire.

Que cette pensée devienne la préoccupation

de chaque Français, dans les départements; que ce soit le mot d'ordre des provinces.

Elles n'ont pas à choisir le champ de bataille; il est ici tout préparé autour du mur d'enceinte. Qu'elles n'attendent pas davantage que l'ennemi aille les surprendre chez elles; isolées, elles seraient à leur tour enveloppées.

C'est ici que peuvent se sauver Lyon, Marseille, Bordeaux, Tours, Bourges, Poitiers, Nantes, Dijon, Orléans.

Qu'elles viennent ici occuper leur place de combat; qu'elles arrivent, non en foule, mais organisées, et l'ennemi placé entre elles et la muraille de Paris, sera étouffé.

Tel est le plan de défense générale qui résulte de la situation même. Si les Prussiens ont mûri depuis longtemps le projet d'attaque, Dieu merci! nous n'avons pas à improviser un plan de défense. Il est en dehors de toute contestation : marcher et se ranger sous les murs de Paris; il ne peut y avoir d'autre mot d'ordre pour la France; et c'est déjà un commencement de victoire que de n'avoir pas à hésiter sur le plan de campagne.

Quelle a été, au point de vue militaire, la cause des succès des Prussiens? Ils ont imité la stratégie de la France de la Révolution; mais ce que nous faisions en 1796 avec des corps, ils l'ont fait avec des armées entières.

On a vu trois ou quatre armées se mouvoir dans la main d'un seul homme comme un seul corps, et par cette concentration obtenir des effets étonnants, inconnus jusqu'ici.

Pendant ce temps-là, celui qui s'était fait généralissime de France depuis le 2 décembre, aussi inepte qu'insensé, revenait à la stratégie de l'époque de la démence de Charles VI. Il reniait la tradition militaire de la France moderne autant qu'il en a renié l'esprit politique.

Qu'a-t-il fait de nos armées? Il les a présentées successivement en ligne, de manière à ce qu'elles ne pussent se prêter secours l'une à l'autre. Il les a isolées comme s'il eût voulu les détruire : d'abord à Wœrth, puis à Forbach, puis sur la Moselle, puis enfin, pour couronner l'édifice de désastres, à Sedan.

Et, dans aucune de ces positions, les corps français n'ont pu se tendre la main, ni se joindre dans une action commune. Incapacité et démence qui ne se sont jamais vues à ce degré, excepté peut-être dans quelques-uns des plus mauvais satrapes d'Asie, qui ont réussi comme le nôtre à perdre un empire en une nuit. Notre Nabuchodonosor a fini aussi par manger de l'herbe.

Conclusion à tirer de ces calamités : revenons

à la stratégie de la France nouvelle, comme nous sommes revenus à son esprit politique. Reprenons la tradition militaire qui nous a donné la victoire dans les temps glorieux de la première République française.

Cette tradition est presque tout entière dans l'union et la concentration rapide des forces.

Que nos armées ne soient jamais qu'une armée; qu'elles se tiennent étroitement, de manière à n'avoir qu'une action commune. Et, encore une fois, les fortifications de Paris déterminent d'avance cette action. Elle n'est plus à la merci des combinaisons ou de la fantaisie d'un général, quel qu'il soit.

Elle est marquée par la force des choses. Que, de la circonférence, la France entière, armée, organisée, se resserre autour du centre qui reste fixe. Voilà l'idée militaire qui ressort fatalement des circonstances où nous sommes. Des incidents que l'on ne peut prévoir aideront ou compliqueront cette combinaison, mais la pensée de cette campagne suprême ne peut être contestée.

Elle dominera tous nos mouvements; elle est si visiblement imposée et si mathématiquement tracée d'avance, qu'il serait déraisonnable de vouloir la cacher. Sa valeur est dans sa nécessité. Immense avantage pour un peuple que la condition de son salut soit visible à tous les yeux.

La France s'appuie sur une stratégie inébranlable que la raison ne peut entamer.

Son système de guerre défensive a l'évidence d'une vérité géométrique.

Au point de vue politique, les prétentions de la Prusse montrent qu'elle est enivrée; elle demande et réclame des chimères. Réjouissons-nous de ce vertige. Les victoires qui enivrent ne sont pas solides, elles perdent le vainqueur.

Paris, 25 septembre 1870.

IV

AUX PROVINCES

Toul est tombé, Strasbourg est tombé. Ces mots cruels ne nous frappent pas. Si Strasbourg est tombé, c'est pour se relever plus tard. Nous savions bien qu'une ville assiégée ne peut tenir à perpétuité si elle n'est pas secourue. Nous nous attendions à cette nouvelle ; Strasbourg a fait assez ; il a montré qu'il ne sera jamais Prussien, que les hommes et les pierres se brisent plutôt que de se détacher de la France.

Strasbourg est tombé, et tout ce qu'il en faut conclure, le voici : C'est à Paris que Strasbourg sera sauvé ; c'est ici, à Paris, que la flèche de Strasbourg se relèvera de toute sa hauteur ! C'est ici, à Saint-Cloud, à Meudon, à Montrouge, à Passy, à Saint-Denis, que l'Alsace, la Lorraine, la Provence, la Bourgogne, la Normandie, doivent venir se défendre.

Que se passe-t-il dans les provinces ? demandez-vous. Sont-elles animées du même souffle que ce Paris sublime dans sa résolution et son espoir ? Sentent-elles, comme lui, qu'elles sont chargées de défendre l'existence de la patrie ? Éprouvent-elles le même tressaillement, la même foi ? Ont-elles fait, comme Paris, le serment de vaincre ? La passion des grandes choses les a-t-elle saisies ? Courent-elles aux armes, en laissant derrière elles toute arrière-pensée, excepté celle de sauver la France ?

A ces questions il faut répondre : Oui ! pour l'honneur des départements.

Douter, serait leur faire injure.

Mais après tout, qu'importe ! Il est bon de nous abstenir de ces questions qui sont au moins inutiles. Car ce que nous avons à attendre des provinces, ce ne sont pas des élans d'enthousiasme, ce n'est pas un soulèvement aveugle, une exaltation morale, une flamme d'un moment, qui se dévorerait elle-même. Non ! Ce que nous avons à attendre des provinces est quelque chose qui prête moins aux changements des esprits, suivant les circonstances heureuses ou malheureuses de la guerre.

Paris a assez d'enthousiasme et de sublimité morale.

Au besoin, il se charge tout seul de communiquer sa flamme aux départements. Pour nous sauver, il suffit que les provinces exécutent strictement, consciencieusement, ce que les lois ordonnent.

Or, que demandent ces lois?

Il est aisé de le dire en peu de mots. Tenons-nous à ce qu'il y a de plus certain. L'organisation de la mobile devait donner 400,000 hommes. Admettons que 150,000 soient entrés dans Paris. Il reste 250,000 mobiles que les provinces ont en réserve et qu'elles doivent mettre en ligne.

Puis vient le contingent de 1870. Qu'attend-on pour l'appeler? On peut au moins l'estimer à 150,000 hommes.

Ajoutons-y les hommes de vingt-cinq à trente-cinq ans, appelés sous les drapeaux par la loi du 10 août. Les calculs modérés les font monter à 200,000 hommes.

A cela, joignez la classe de 1871 qui, dans les circonstances extrêmes, ne peut être au-dessous de 150,000.

Toutes ces levées réunies font un total que nous réduirons à 700,000 combattants qui, encore une fois, ne sont pas le produit arbitraire de l'humeur plus ou moins passionnée de telle ou telle localité, mais le résultat nécessaire de l'obéissance aux lois.

Ne répétez donc plus que l'on ignore ce qui se

passe dans l'âme des provinces. Là n'est pas la question.

Il ne s'agit pas d'exalter, mais d'ordonner. Nous ne demandons pas des volontaires qui ont le choix entre l'action ou l'inertie, et peuvent attendre que l'inspiration les pousse ou les retienne. Nous demandons les hommes inscrits par la loi, désignés par la loi, auxquels la patrie commande, sans attendre que chacun ait fait son choix entre le salut et la ruine.

Les hommes sont là ! Ils sont groupés dans les villes et les campagnes en masses innombrables.

C'est à la loi à faire sortir du rocher la statue vivante. C'est à la loi, non pas à la volonté individuelle, d'imprimer le commandement de marche à cette nation qui attend le mot d'ordre.

Que ce mot soit enfin prononcé ! Que le gouvernement ordonne, il sera obéi ! La Germanie se jette tout entière sur nous ; appelez à vous toutes les Gaules. Vous en verrez sortir d'innombrables armées.

Ce ne seront pas de vieux soldats, il est vrai ; mais il est des temps où les soldats se forment vite.

Quelques semaines ont suffi pour donner à la mobile l'esprit d'un vieux corps. Ce que la vie de garnison ne peut faire en des années, la présence de l'ennemi, la grandeur du moment, l'imminence de la bataille suprême le font en peu de temps. « Donnez-moi beaucoup de ces jeunes gens, disait un grand homme de guerre ; ils ne connaissent pas le danger. »

Mais des armes ? Est-ce donc la première fois que l'on a fabriqué des armes en pleine bataille ?

Il est chez nous telle ville où sont réunis assez de canons pour l'artillerie de toute une armée.

Cela est si vrai que nous ne pouvons douter que la crainte de la formation des armées de secours ne soit en ce moment la principale préoccupation des Prussiens. Ils sentent bien que toute leur campagne est perdue si la France réunit une armée extérieure, capable de les assiéger dans ce siége de Paris.

Aussi, je ne hasarderai rien si je suppose qu'ils feront tout pour empêcher cette formation. Nous ne risquons pas de nous tromper en admettant que le moyen le plus simple, pour eux, sera d'essayer de jeter la terreur dans les provinces. Ils leur feront une guerre d'apparence, par des rideaux d'hommes qu'ils étendront sans profondeur, au-devant des points où nos forces s'organisent. Quelques coureurs annonceront au loin qu'ils sont suivis d'une armée. Et dans cette lutte de ruses, la victoire restera immanquablement à celui qui gardera son sang-froid.

Il est certain que les Prussiens, s'ils se dispersent à travers le territoire, sortiront du plan qui leur a permis de vaincre.

Ils offriront partout une prise, pour peu qu'ils rencontrent un point résistant. Ce qui semble un progrès de leurs armées pourrait, au contraire, en être la destruction. Ils ont vaincu en se concentrant; qu'ils fassent maintenant le contraire tous ces vains rideaux d'hommes pourront être déchirés, par les vaillantes villes de province, qui pousseront devant elles ces simulacres, jusqu'à ce qu'avec les campagnes organisées en armées, elles viennent achever de briser l'ennemi contre les remparts de Paris.

Mais cela suppose, avant tout, que la France des provinces ne soit pas dupe des apparences ; que l'épouvantail d'un groupe d'éclaireurs ne prenne pas, dans l'imagination, la valeur d'une armée ; qu'après avoir été dupe du spectre rouge, on ne le soit pas du spectre bismarckien ; que l'on ne prenne pas une incursion de fourrageurs pour une invasion irrésistible. Ce qui aidera le plus les populations à garder leur sang-froid, c'est la conviction que les masses de l'armée prussienne réunies autour de Paris, ne peuvent quitter Paris. Voilà le point lumineux sur lequel les provinces doivent avoir les yeux attachés.

Paris ne combat pas seulement pour elles. Paris éclaire toute la bataille de France ; il tient le drapeau. Que les départements regardent Paris; ils sauront toujours où est le gros des ennemis.

Paris, 4 octobre 1870.

V

APPEL AU GOUVERNEMENT

Voilà donc ce que nous gardait la docte Allemagne! Mort aux Français! vient-elle écrire sur nos portes. Barbarie et sauvagerie, c'était donc là ce qu'elle cachait pour nous au fond de sa philosophie et de sa littérature!

Cet aveu nous revient de tous côtés; il est confirmé par les dernières tentatives de la diplomatie.

Nous n'avons rien espéré des négociations. Si quelque argument peut encore avoir prise sur les métaphysiciens de Berlin, c'est sous la forme de chassepots et de canons se chargeant par la culasse.

Puisqu'il est bien démontré que notre existence gêne ces idéalistes, puisque l'esprit pur exige notre anéantissement, puisque l'Allemagne, à laquelle nous avons tant de fois rendu justice, nous offre en retour le non-être et la soustraction de la France, le moment est assurément venu d'en appeler à toutes les forces vives de la France.

Or, quel est pour nous le moyen le plus direct? La levée en masse, dit-on. Mais cette idée vague ne peut produire que des résultats vagues. Jamais levées en masse, toutes seules, n'ont produit d'armées organisées. Que faut-il donc encore? Je le répète : l'appel direct, positif de la loi.

C'est bien en vain que l'on accuse la lenteur des habitants des campagnes.

Vous connaissez comme moi le paysan de France. Avec la meilleure volonté du monde, que peut-il faire, s'il n'est dirigé, appelé, entraîné dans le plan de la défense nationale? Rester à son foyer, prendre sa faux, défendre sa maison, son champ, son village : voilà ce qui est dans la mesure de ses forces individuelles; voilà ce que peut donner le tocsin de la levée en masse.

Nous avons besoin d'autre chose. Au lieu d'attendre que des armées nous tombent du ciel, il faut que la loi vienne éclairer le paysan et lui dire : Voilà ta feuille de route. Va au chef-lieu; du chef-lieu au dépôt, pour y être incorporé dans tel bataillon, tel régiment.

Alors ce même paysan, une fois *qu'il a cassé*

ses sabots, devient membre effectif de la défense nationale; il fait partie de cette armée de secours qui est la condition absolue du salut de Paris et de la France.

Mais, encore une fois, il faut, pour cela, une voix qui le détermine et lui dise : Lève-toi et marche! Or, cette voix doit être celle de la loi, par l'organe du Gouvernement. C'est à lui de parler et de donner l'impulsion suprême que la France attend encore.

Ne répondez pas que ce qui vous arrête, c'est le défaut d'armes. Le général Le Flô, ministre de la guerre, établissait dans son dernier rapport qu'il y a dans les départements non envahis une réserve de sept à huit cent mille fusils. Je veux bien que ce ne soient pas des armes perfectionnées. Qu'on les remette pourtant aux bataillons à mesure de leur formation. Ces armes seront suffisantes pour la première instruction des hommes. Ils se feront à l'école de peloton, de bataillon; ils seront déjà des soldats tout prêts pour l'action prochaine. Vous échangerez leurs armes contre des fusils perfectionnés, à mesure que la fabrication et le marché des pays étrangers vous fourniront l'armement nécessaire.

Vous avez une grande flotte et vous êtes maîtres de la mer. Usez de cette supériorité pour vous approvisionner, sur tous les parages, de fusils et d'artillerie.

Oui, dit-on encore, mais le manque de cadres? Ils manquaient bien plus en 1792. Faites ce que l'on a fait alors; vous le pouvez avec beaucoup plus d'avantages. Car vous avez les anciens militaires, dont je parlerai tout à l'heure. Nos bataillons de 1792 ne sont pas sortis tout seuls de terre. Ils ont été requis par les autorités, qui ne craignaient pas de commander, même dans les décisions qui semblaient le plus spontanées. Ces bataillons, à peine réunis, nommaient eux-mêmes leurs officiers; c'est de là que sont sorties ces fameuses demi-brigades, honneur des armées françaises.

Les vieux soldats ne manquent pas en France. Mais le général Trochu a osé démontrer qu'ils ne sont pas la condition première et le nerf des armées de nos temps.

Après tout, la guerre est chose d'instinct. Les vieux officiers, les vieux généraux ne sont pas les meilleurs, quand tout a changé autour d'eux. Nos plus fameux généraux de la République étaient des jeunes gens; leurs plus belles campagnes ont été les premières. Pensez à Joubert, à Marceau, à Saint-Cyr!

C'étaient là des conscrits. La meilleure campagne de Napoléon est celle qu'il a faite à vingt-six ans. Comment avons-nous péri à Wœrth, à Forbach, à Sedan? Par la routine. Il faut donc à tout prix sortir de la routine; et à ce point de vue, la disette des vieux chefs n'est peut-être pas un si grand mal que vous pensez.

Songez que dans les armées nouvelles qu'il s'agit de former, il y a des Marceau, des Hoche, des Joubert inconnus, que l'occasion et le danger révèleront.

Agissons en conséquence et nous serons sauvés.

S'il y a quelque vérité dans ce que je viens de dire, je prie, j'adjure ici, pour la seconde fois, le Gouvernement de prendre le moyen le plus pratique, le seul direct : de créer les armées de secours dont nous avons besoin, non pour sauver l'honneur, mais pour sauver la France.

Le Gouvernement est dans cette admirable situation que, pour décider du salut public, il n'a pas besoin d'innover des procédés inconnus, extra-légaux. Au contraire, ce que je lui demande, c'est de faire exécuter la loi.

Le Corps législatif lui-même a été contraint, par l'évidence et par la nécessité, de voter les lois de recrutement que vous devriez vous-mêmes établir si elles n'existaient pas.

Ce que j'attends chaque jour, c'est un décret qui donne solennellement la vie et la réalité à ces mesures de salut. Car qui peut imaginer que la République reste en fait de mesures de salut au-dessous du Corps législatif?

Quand donc verrai-je quelque chose de semblable au décret suivant, emporté dans les provinces par les voies qui restent ouvertes :

« Sont appelés sous les drapeaux de la République tous les Français qui font partie des classes suivantes :

« 1° Le contingent de 1870;

« 2° Le contingent de 1871;

« 3° Les mobiles qui sont restés dans leurs foyers;

« 4° Les hommes non mariés de 25 à 35 ans. »

J'ai estimé à 700,000 hommes le total de ces différentes classes, que d'autres élèvent à 800,000. Réduisez-les, si vous voulez, à 600,000. Ce sont là, dans tous les cas, des forces que vous ne pouvez négliger un jour de plus d'appeler en ligne! Elles sont sous votre main; elles n'attendent que le commandement. Prononcez donc enfin ce mot d'ordre, cette parole de salut. Rendez le décret que nous attendons de votre énergie.

Qu'est-ce qui peut vous retenir encore? Je ne puis le concevoir.

Vous devez à ce sublime Paris, que l'avenir ne louera jamais assez, vous lui devez de lui montrer, non par des espérances, mais par des faits, qu'il a raison de compter sur la France.

Vous devez à la France de lui faire voir quelles forces immenses elle possède dans son sein. Pour la rassurer, vous n'avez besoin que de la montrer à elle-même.

Car jamais on n'a vu une grande nation, regorgeant de population et de ressources de tout genre, périr debout toute florissante; si cela s'est vu par hasard, c'est qu'elle n'était pas commandée.

Que faut-il donc? Une parole de vous à vos préfets, à vos sous-préfets, à vos maires. Ils n'ont, ils ne peuvent avoir qu'une seule affaire, qui est de faire marcher au drapeau les hommes que la loi y appelle.

Et voyez le danger où nous courons, si ces mesures tardent plus longtemps d'être prises. On parle vaguement de rassemblements d'hommes, qui s'opèrent à la voix de quelques chefs particuliers, l'un en Normandie, l'autre en Bretagne. Ailleurs, il est question d'une ligue du Midi.

A merveille! Tout ce qui atteste l'élan spontané des populations concourt au salut public.

Mais ces rassemblements ne produiront néanmoins que des corps particuliers, qui pourront même agir en dehors du plan de la défense générale.

Pour qu'ils aient tous leurs effets, il est nécessaire qu'ils soient reliés entre eux par les armées nationales ; et celles-ci exigent, pour naître et se former, l'action des lois, telle que je la demande.

Ne retombons pas dans la constitution militaire du moyen âge, une chevauchée pour chaque province, et point d'armée pour la France.

S'agit-il d'une guerre d'Espagne ? N'oublions pas que l'Espagne de 1810 avait ses armées régulières, espagnoles et anglaises, qui ont amené les grands résultats des Arapiles, de Vittoria, auxquels les guérillas n'eussent pu suffire.

La bonne volonté n'est que le commencement de l'action. Joignons-y l'autorité. Si les Prussiens eussent seulement donné rendez-vous en France aux gens qui se sentaient pris de la fantaisie personnelle d'y faire une incursion, quel eût été, croyez-vous, le nombre de ces aventureux ? Auraient-ils autour de nous les centaines de mille hommes dont on nous menace ?

Non, sans doute ; imaginez que ce même système fût appliqué aux finances, et qu'on laissât à chacun le choix de payer ou non l'impôt, suivant qu'il serait bien ou mal inspiré. Que deviendraient les finances de l'Etat? Ce que deviendrait une armée qui n'aurait pour règle que la fantaisie de chacun.

Enfin, ces armées nationales que nous appelons, je les suppose formées par les moyens légaux que j'ai indiqués. La question est de savoir à quel point du territoire il faut les porter. Les laisserons-nous disséminées à travers toute la France? Voudrons-nous être forts en chaque point, moyen sûr de ne l'être nulle part! Je maintiens que leur force sera dans leurs masses; qu'il faut les tenir unies avec la certitude qu'elles pourront s'aider l'une l'autre.

Cela admis, quand elles seront en état de se présenter à l'ennemi, quel sera le point où elles devront exercer leur action décisive?

Laissez-moi me servir d'un exemple pour préciser ma pensée.

La bataille de Marengo sera pour moi cet exemple. Soutenue par des conscrits, elle a été perdue pour nous pendant la plus grande partie de la journée. L'aile gauche et le centre avaient été emportés. Il ne restait que l'extrême droite qui tenait encore ferme.

Arrive, dans ces entrefaites, le corps d'armée de secours de Desaix. Où portera-on ce corps pour rétablir les affaires? Un général médiocre n'eût pas manqué de l'envoyer au secours de l'aile gauche en pleine déroute, et le corps de secours n'eût pas manqué d'être entraîné dans la défaite de cette partie de l'armée.

Au lieu de cela, le général porte le corps de Desaix à l'appui de la droite, du point qui tenait encore. Il ajoute la force à la force. Cela produit, au sein d'une défaite, la victoire de Marengo.

Aujourd'hui, notre champ de bataille est tout semblable. Notre aile gauche a été emportée, notre centre cerné. Reste un seul point fixe, inébranlable, notre colonne de granit, Paris, avec ses invincibles.

C'est donc là, c'est donc au secours de Paris qu'il faut envoyer les forces principales, dès qu'elles seront assez formées pour marcher à l'ennemi.

C'est par cette conception, en ajoutant la force à la force, que nous changerons encore une fois la défaite en victoire.

Je sais bien que tout cela suppose, pour l'armée de secours, un terrain d'opérations où elle puisse masquer ses mouvements; une autre Vendée, où chacun de ses pas soit garanti contre la cavalerie et l'artillerie prussiennes. Il faudrait trouver des lieux où la nature vînt au secours de l'héroïsme d'une armée nouvelle, où tout se réunît contre l'envahisseur, où la France couvrit la France : oui, c'est là ce qu'il faudrait. Or, justement, ces lieux existent. Je pourrais indiquer les sentiers de nos Thermopyles... mais je me garderai de le faire ici... Je m'arrête.

Paris, 23 octobre 18~0.

VI

L'ALSACE ET LA LORRAINE

I

Gardons notre sang-froid. C'est aujourd'hui notre arme la plus sûre. Puisque la fortune nous y condamne, voyons de près ce que notre imagination n'eût jamais inventé. Faisons silence à nos indignations. Examinons l'impossible et discutons l'absurde : je veux parler du rapt de l'Alsace et de la Lorraine.

Le pis, dans l'abus de la force, est de la faire passer pour la modération, C'est la faiblesse des forts. Pourquoi M. de Bismark ne nous dit-il pas, à la façon des Orientaux : « Je suis fort, vous « êtes faibles; je suis le maître, ne raisonnez « pas, obéissez. »

Ce langage attesterait la foi du vainqueur en sa force.

Au contraire, la prétention à la discrétion

dans l'enivrement, au bon sens dans le vertige, à la mesure dans le cynisme, est la marque d'un défaut d'équilibre dont nous devons profiter. M. de Bismark croit échapper à cette chute par l'ironie empruntée de Shakespeare qu'il mêle volontiers aux grandes affaires ; il se moque des vaincus. C'est là une partie de son art. Mais, en transportant la guerre sur le terrain de la moquerie, il perd ses avantages. Sur ce terrain-là il est bien certain que l'esprit français ne sera jamais battu par personne.

Je veux pourtant rester sérieux en disputan la *clef de la maison* à ceux qui tentent d'entrer par effraction chez nous. Je veux montrer, non par des motifs de sentiment et de patriotisme, mais par des faits évidents, positifs, combien les prétentions, les injonctions de l'Allemagne, cette ardeur de déprédations de territoire, cet espoir d'effacer un grand peuple de la liste des vivants, ce projet de poignarder, de scalper la France, d'en partager les membres aux quatre vents, sont un retour à la barbarie vandale et une injure à la raison de tous.

Si ce sont là les bases que la Prusse veut donner à la paix, peuples, préparez-vous à la guerre éternelle !

Toutes les paroles de la Prusse reviennent immanquablement à ceci.

Que veut-elle? que prétend-elle? Peu de chose : c'est seulement pour se défendre qu'elle veut nous dépouiller. Ecoutez sa conclusion :

« Aussi longtemps que la France demeurera
« en possession de Strasbourg et de Metz, elle
« est plus forte sur l'offensive que nous sur la
« défensive. »

Et plus loin :

« Strasbourg entre les mains de la France est
« une place forte de sortie toujours ouverte vis-
« à-vis de l'Allemagne du Sud. Entre les mains
« de l'Allemagne, Strasbourg et Metz acquièrent
« par contre un caractère défensif. »

Telle est la grande, l'unique raison que l'on allègue, aux yeux du monde, pour nous arracher deux provinces, l'Alsace et la Lorraine.

Entre nos mains, elles sont un mal; entre les mains de l'Allemagne, elles seront un bien. Nous en usons pour le malheur du monde; elle en usera pour la félicité universelle.

Nous en faisons une arme agressive, elle en fera un bouclier. Retournez tant que vous le voudrez cette antithèse de la diplomatie allemande, vous n'en tirerez jamais autre chose que cette assertion répétée : Strasbourg et Metz sont des fléaux publics tant qu'ils font partie de la France; ils deviennent des gages de paix dès qu'ils sont Allemands.

Voilà bien le *vœ victis* de Berlin.

Nous répondons :

Quand, en 1792, la Prusse, commençant les hostilités, s'est jetée au cœur de la France pour écraser dans l'œuf la vie nouvelle, la France a été obligée de se défendre, et de rejeter hors de ses frontières les envahisseurs.

Elle possédait Strasbourg et Metz ; déjà sa position était si peu offensive qu'il a fallu à la République française six ans de guerres gigantesques, de 92 à 97, et ces fameuses armées de Sambre-et-Meuse, de Rhin-et-Moselle, pour atteindre le Rhin.

Alors seulement la position de la France devint offensive, quand, après ces guerres de représailles, elle déborda et s'établit au bout du fleuve, dans Cologne, Coblentz, Mayence. Cela dura jusqu'en 1814. Napoléon hérita de ces positions ; il n'avait qu'un pas à faire pour franchir le Rhin, appuyé sur toutes les places fortes, de Wesel à Strasbourg. Oui, alors la France menaçait l'Allemagne ; cette facilité même de porter la guerre au dehors fut la tentation à laquelle succomba le premier Bonaparte. Il partait de Mayence pour arriver à Iéna, à Moscou, à Sainte-Hélène. De 1800 à 1814, la position offensive était de notre côté.

Mais il me semble que quelque chose s'est

passé en 1814 et 1815, sous les pas des deux grandes invasions. Les puissances étrangères, venues en France, y ont fait, j'imagine, un petit changement. Elles ont au moins transformé les positions. Comment cela? Par un moyen bien simple. Elles ont ramené à la défensive la France qui avait l'offensive; elles ont donné à l'Allemagne l'offensive au lieu de la défensive, à laquelle elle avait été réduite. Par cette seule métamorphose, la condition des deux nations a été changée de fond en comble; la plus faible est devenue la plus forte, et réciproquement.

Là-dessus, fiez-vous aux ressentiments, à la colère, à la haine, à l'ambition des alliés de 1814 et de 1815. Soyez tranquilles, ils ont ôté dès lors à la France tout ce qui pouvait lui être ôté, sans aller jusqu'à l'absurde, et, en laissant une France, jamais les vainqueurs de Leipsick n'auraient imaginé, au plus fort de leurs malédictions, que l'on pût arracher après eux de nouveaux lambeaux à la patrie française.

Les gallophobes, les mangeurs de Français de 1815, ne soupçonnaient pas que l'on pût porter plus loin qu'eux la passion de détruire cette grande nation qui leur faisait ombrage. Ils croyaient être allés jusqu'au bout dans la haine et dans les passions tudesques, car ils savaient qu'ils avaient porté le coup de lance aux flancs de la France mise en croix, et cela leur suffisait. Ils en voyaient couler le sang et l'eau et ils ne demandaient rien davantage.

Ils avaient fait contre nous une œuvre profondément calculée, meurtrière, dans les traités de 1815. Ils en étaient satisfaits.

Non, aucun d'eux, dans sa fureur, n'eût soupçonné que le mal, qu'ils nous avaient fait, ne suffirait plus à la convoitise de leurs descendants.

Voyez en effet quelle a été la tâche accomplie contre nous par leurs pères en 1815. Jetez un regard sur la carte, mesurez cette énorme échancrure, ce coin gigantesque qu'ils ont enfoncé dans les flancs de la France, du Luxembourg à la Moselle, de la Moselle à la Sarre et de la Sarre au Rhin. Comptez les positions qu'ils nous ont enlevées, ce qui faisait dire au maréchal Soult : La frontière de la France est ouverte à l'est.

D'un mot ils nous ont arraché non pas seulement l'offensive, mais aussi la défensive; non pas seulement les conquêtes nouvelles, mais aussi les parties anciennes et vitales de la France. Après le Luxembourg et Trèves, ils nous ont ôté les villes bâties par nous : Sarrelouis, fondation de Louis XIV; Landau, fortifié par Vauban; Sarrebruck, c'est-à-dire la faible ligne de la Sarre.

Et pourquoi ce déchirement calculé de territoire? Pour que de Strasbourg à Metz nous n'ayons aucun point d'appui, pour que l'énorme plaie reste toujours béante, pour que toutes les armées de l'Allemagne centralisée puissent toujours entrer chez nous et déboucher par cette ouverture.

Chose incroyable! Ces coups redoublés dont on nous a frappés en 1814 et 1815, ces défenses que l'on nous a ôtées, ces armures naturelles dont on nous a dépouillées, la Sarre perdue pour nous, Landau, Sarrelouis enlevés, Huningue rasé, nos provinces de l'est à la merci de l'invasion; voilà ce qu'ils osent appeler aujourd'hui des *positions offensives* de notre part.

Ces déprédations de frontières, ces cessions de villes, œuvres de nos mains, sont aujourd'hui comptées pour rien. Ce qui était le désespoir de nos pères, ces haines qui semblaient ne pouvoir être dépassées, et ces blessures que nous ont faites nos ennemis de 1815, tout cela paraît des grâces à nos ennemis de 1870. Les premiers nous avaient ôté l'offensive et la défensive; les seconds sont moins généreux. Tant que nous existons, de quelque manière que nous existions, ils appellent cela une menace.

Qu'ils osent donc une fois parler franchement! Ils diront que ce qui déplaît en nous, ce qui inquiète en nous, ce qui irrite en nous, c'est de nous savoir vivants. Cessons d'être! Voilà la frontière que l'on demande.

Paris, 5 novembre 1870.

VII

L'ALSACE ET LA LORRAINE

II

Vidons aujourd'hui le fond de cette coupe.

Voulez-vous voir, plus clairement encore, tout ce qu'il y a de faux dans l'assertion que Strasbourg français est une place de sortie contre l'Allemagne ? Malheureusement il m'est facile de faire l'évidence sur ce point.

Si les Prussiens de 1815 nous ont laissé Strasbourg, ce n'est point oubli ou incurie de leur part. C'est qu'ils avaient si bien pris leurs précautions, entamé si habilement notre territoire, tranché si vigoureusement dans nos œuvres vives, qu'ils n'avaient rien à craindre de Strasbourg comme place de sortie contre l'Allemagne du Sud et du Nord. Et quelle en est la raison ? La voici :

Supposez un moment qu'une armée française, concentrée dans Strasbourg, franchisse le Rhin devant elle et s'engage dans le duché de Bade ou le Wurtemberg. Dès le premier pas elle s'apercevra que les mesures ont été prises, les frontières découpées, de manière à rendre son mouvement impossible. Car, dès le premier pas qu'elle ferait en Allemagne, les Allemands, rangés sur la Sarre et la Moselle, de Sarrelouis à Sarrebruck, se trouveraient sur ses derrières tout formés pour la couper de la France. A la seconde journée, ils seraient plus près de Paris que l'armée française. Cette armée serait compromise dès l'entrée en campagne, ayant en tête tous les Etats allemands, et en queue toutes les places fortes du Rhin, de Cologne à Mayence.

Ce serait une incursion en Allemagne, avec le grand fleuve à dos, un seul point de passage, tous les autres fermés, la ceinture du Rhin l'enveloppant par derrière, et ses communications rompues avec la capitale.

Jamais les Français n'ont porté la guerre au cœur de l'Allemagne sans avoir pour eux la large base du Rhin; et c'est aussi ce que nos ennemis de 1815 ont compris quand nous avons gardé Strasbourg comme une pointe isolée; ils ont senti que Strasbourg, détaché de la ceinture des forteresses rhénanes, n'avait plus de force offensive.

L'expérience vient de démontrer ces vérités ; l'évidence s'est faite si cruellement, que la parole n'y peut rien ajouter. Toute cette monstrueuse campagne de 1870, et l'ennemi à nos portes, n'est-ce pas la preuve écrasante de ce que je viens de dire ? Certes, la démence de celui que je n'ai jamais reconnu pour le chef de mon pays, a été portée au comble ; mais cette démence a été aidée par le piége qui nous a été tendu depuis 1815 à notre frontière de l'est.

N'est-il pas vrai que, arrivé à cette frontière, il n'a su se décider ni pour l'attaque ni pour la retraite ! N'est-il pas vrai qu'il n'a laissé voir aucune combinaison, que l'inertie a été son seul plan de campagne ? N'est-il pas vrai qu'il a perdu, à contempler la Sarre, trois semaines, qui étaient la seule chance de succès, s'il les eût employées à surprendre les Prussiens avant qu'ils eussent réuni leurs armées ?

Oui, tout cela est indubitable, et quelle en est la cause ? Admettez le dernier terme de l'ineptie humaine, cette incapacité prodigieuse ne suffit pas encore pour rendre raison d'un tel désastre. La position de nos frontières a aidé ce criminel à périr.

En face de l'ennemi, il s'est aperçu pour la

première fois que Strasbourg n'était pas une place de sortie, que l'on ne pouvait déboucher de ce côté en Allemagne, sans laisser derrière soi les Prussiens massés dans la Prusse rhénane.

De là cette inertie, cette incapacité de prendre l'offensive, cette immobilité, cette torpeur, cette stupeur, présage certain de la ruine. Il venait de s'aviser que l'attaque avait été rendue difficile pour la France; les yeux fermés, il s'en remit au hasard.

Voilà tout l'esprit de sa campagne.

Suivez au contraire les chefs de l'armée prussienne. Ils étaient sûrs d'avance que la disposition de nos frontières leur donnait l'offensive.

Aussi, comme ils se sont précipités dans ce grand vide préparé entre Metz et Strasbourg! Ils savaient qu'ils ne rencontreraient aucun obstacle dans les lieux. Quant à nos armées, après les deux échecs de Vœrth et de Forbach, elles ne trouvèrent plus une ligne de défense. On vit l'armée de Mac-Mahon, partie de Vœrth, ne pouvoir s'arrêter nulle part, qu'elle n'ait été rejetée jusqu'à Châlons; et, pour mieux dire, aux portes de Paris.

D'où viennent de pareils désastres, uniques dans les guerres modernes?

De l'ineptie du chef, cela est évident; mais aussi de ce que nos frontières de l'est ont été démantelées il y a cinquante-cinq ans. Avec un art profond, on avait ouvert notre pays jusqu'au cœur; les préparatifs datent de loin. Après que cette grande embûche nous avait été tendue, il ne fallait plus que la folie d'un homme pour y précipiter la France. Les lieux étaient préparés, l'homme s'est trouvé.

J'ai dit plus haut qu'il y a du fiel et de l'ironie dans la paix proposée par l'Allemagne. Voici en quoi consiste la dérision. Après que l'expérience a montré que nos frontières de **1815** ont été calculées pour notre ruine, M. de Bismark nous fait déclarer que ces frontières sont une menace pour l'Allemagne. Elles nous ont trop bien protégés; elles sont trop fortes. L'armée de Mac-Mahon a trouvé trop de points d'appui entre Vœrth et Paris. Notre ruine en quelques jours n'a pas été assez foudroyante. Les armées prussiennes qui, depuis la Lorraine, sont arrivées sous Paris sans tirer un coup de fusil, ont rencontré de trop formidables obstacles, un pays hérissé de trop de forteresses, des lignes trop infranchissables dans les plaines de la Champagne. Cela ne peut durer. Châlons, Reims et les hameaux qui les avoisinent sont un danger perpétuel pour l'Allemagne. Nancy avec ses portes ouvertes menace Berlin; Château-Thierry menace Munich; Épernay fait échec à l'unité allemande. Il faut absolument les empêcher de se jeter sur la confédération du Nord et du Sud. Pour cela il faut que les canons de Metz et de Strasbourg soient tournés contre la Champagne et la Beauce. Alors, et seulement alors, l'Allemagne et le monde pourront dormir tranquilles.

Voilà bien l'ironie allemande. Je la connais depuis longtemps. J'ai entendu autrefois ce même rire dans la *Danse des morts*, d'Holbein.

Continuons pourtant, et achevons.

Que peuvent être Metz et Strasbourg dans la main des Prussiens? La décomposition, la dislocation de la France telle que dix siècles l'ont faite; la France ramenée en arrière, en deçà des temps de François Ier, les frontières de 1815 refoulées jusqu'à Châlons-sur-Marne, ou plutôt un pays sans frontières, mis en pièces, une Pologne d'occident, à la merci de la race allemande. Metz et Strasbourg tournées contre la France éventrée, il n'y a plus de France. L'ennemi prend chez nous son domicile.

On veut faire rentrer la France du dix-neuvième siècle dans la France des Mérovingiens? Mais qui peut faire rentrer l'homme adulte dans le berceau de l'enfant?

Comment ramener le Paris de la civilisation moderne au Paris de Chilpéric? Qui peut imaginer cette chose insensée? Et c'est là pourtant ce que prétend l'Allemagne militaire et savante. Voilà le fond de sa science. Un crime et une folie envers la France et le monde.

J'ai toujours pensé qu'au fond de ses systèmes il y a quelque grand vide ; il apparaît aujourd'hui tout gonflé de haine et d'envie.

L'Allemagne, par toutes ses voix, a soutenu depuis un siècle le respect des choses humaines consacrées par l'histoire. Et ce que l'histoire a fait de plus grand, la nation française, c'est là ce que l'Allemagne jalouse veut détruire en un jour.

Honte, malédiction sur son œuvre!

Paris, 6 novembre 1870.

VIII

APPEL A LA PRESSE

I

L'armistice est-il consenti, refusé, accordé, retiré ?

Dans la nuit noire où l'on nous plonge, il reste un seul point fixe qui doit nous servir de phare ; c'est la nécessité d'augmenter nos forces. Nous ne risquons pas de nous tromper en ramenant les esprits à cette question précise, qui contient toutes les autres.

N'allons pas divaguer, en face de l'ennemi, sur les ténèbres qu'il promène à plaisir autour de nous. Parlons de ce qui, dans tous les cas, est visible et nécessaire.

A ce moment suprême, je vais encore une fois essayer de faire prévaloir les vues précises, élémentaires, urgentes, qui seules peuvent, selon moi, nous sauver ou nous venger.

J'ajouterai l'évidence à l'évidence.

Chacun, depuis le commencement du siége, s'est attaché à une question vitale. On s'est partagé le travail. De cet ensemble est résulté la force qui éclate à chaque pas dans la défense de Paris. Pour moi, depuis mon retour en France, voyant combien Paris est invulnérable, je me suis attaché à la question qui me semblait plus négligée parce qu'elle est plus loin de nous, je veux dire l'organisation militaire des départements.

J'ai vu, dans cette partie de la défense, l'élément indispensable du salut de Paris et de la France, que je n'ai pu séparer un seul instant l'un de l'autre dans leur action commune contre l'invasion. Tout ce que j'ai pu faire je l'ai fait pour porter ces idées dans la presse, dans l'opinion publique et, si j'ose le dire, aussi dans le gouvernement.

Que m'a-t-on répondu lorsque je frappais ainsi à toutes les portes? J'ai trouvé les esprits ouverts à l'évidence; je n'ai pas rencontré une seule objection. Au contraire, on approuvait; on me disait : Vous êtes dans la vérité. Persévérez. Oui, ce que vous soutenez est certain; il faudra en arriver à faire ce que vous demandez; nous pensons comme vous, et nous ne pouvons discuter puisque nous sommes d'accord. — J'en suis heureux, disais-je ; mais, puisqu'il en est ainsi, puisque, selon vous, la vérité est dans ce que je soutiens, faites donc que cette vérité devienne une réalité ; vous le pouvez d'un mot ; vous vous assurerez, en nous sauvant, une gloire immortelle.

Qu'est-ce donc que je soutiens? La chose du monde la plus simple et la moins discutable ; qu'aucune nation moderne ne s'est sauvée des mains de l'étranger sans recourir à des mesures régulières pour la levée des troupes ; que nous avons besoin d'armées de secours qui viennent donner la main à Paris ; que les lois de recrutement peuvent seules donner de véritables armées ; que ces lois existent pour nous, qu'elles ont été votées par ceux-là mêmes auxquels j'en demande l'exécution ; qu'il n'y a plus un jour, une heure à perdre pour faire ce que l'on a écrit soi-même dans la loi.

Y a-t-il rien de plus évident que la nécessité de ces mesures et de ce système de défense?

Les choses ici parlent bien plus haut que moi ; laissons-les donc parler à ma place. Elles diront qu'il y a une grande différence entre Paris et les provinces ; que l'on a pu, sans trop de dommages, ne pas faire exécuter à Paris les lois sur la levée des contingents. Et pourquoi? Parce que dans cette admirable forteresse, dans ce camp où l'honneur du monde s'est retranché, tous les habitants se touchent et vivent d'une vie commune, parce que chaque homme y fait un service de guerre à l'enceinte, au fort, à la redoute. Il a suffi d'un mot à l'état-major pour distribuer ce vaste rassemblement d'hommes en divisions, en corps, en armées. Chacun s'est trouvé à sa place de bataille.

Ne voyez-vous donc pas qu'il en est tout différemment de nos populations rurales, qui font la plus grande partie de la population de France? Là, le paysan (c'est-à-dire la force même de notre pays), retiré dans son hameau, n'a point d'enceinte fortifiée à défendre, point de rempart, point de redoute. Il n'appartient en réalité à aucune garde nationale.

Il ne fait aucun service de guerre, ni comme garde sédentaire, ni comme mobile, ni comme soldat, ni comme vétéran, si la loi ne va pas le chercher dans son village. Et c'est là précisément ce qui arrive tant que les décrets n'imposent pas l'obligation de courir aux armées.

Nous assistons à ce spectacle inconcevable auquel l'avenir ne voudra pas croire. Les masses de la population, quand il s'agit pour la France de vivre ou de mourir, sont tenues, par la non-application des lois, en dehors de toute action, comme si la chose ne les regardait pas et que le gouvernement n'eût rien à exiger de ceux que la loi a mis à sa disposition.

Beaucoup de gens passent ici leur temps à se demander les uns aux autres : Que fait la province? Je dis que la question est mal posée. Ce qu'il faut demander est ceci : Que fait le gouvernement? Quel ordre a-t-il envoyé en province? Quel décret fondé sur la loi? Quelle prescription aux agents de l'autorité pour faire rejoindre les drapeaux par ceux qui sont soumis impérativement, régulièrement, au service militaire?

Quand les décrets auront été rendus et envoyés, vous aurez raison d'être impatients d'en connaître les résultats. Mais, tant que l'ordre n'a pas été donné, il est bien inutile de vous informer de quelle manière on y a obéi.

Vous tous qui avez une autorité quelconque, par la parole ou par l'action, faites donc, avant tout, que la volonté de la loi soit déclarée exécutoire; que les décrets de salut soient rendus. Vous vous informerez après de savoir ce qui se fait dans les départements, quel en a été le résultat. Mais n'attendez pas davantage l'effet avant la cause. Pour être obéi il faut premièrement commander.

Comptons ici les hommes que la loi met à la disposition du gouvernement de la défense nationale. En faisant le dénombrement de cette population, inscrite dans les contingents dont je réclame l'appel, nous verrons si la France est perdue !

Première classe : Les jeunes gens de vingt-un ans, parmi lesquels se recrute l'armée, sont chaque année au nombre de 332,000. Je réduis, ce qui est excessif, ce chiffre à 150,000 soldats, en admettant les exemptions ordinaires. Le gouvernement vient de se décider enfin, et je l'en remercie, à appeler cette classe de 1870, qui aurait été requise en pleine paix sous tous les régimes, lors même qu'il n'y aurait eu aucun nuage à l'horizon ;

2° Ne touchons pas à 1871 ? Quelques semaines à peine nous en séparent. Et jamais y eut-il cause plus légitime, nécessité plus urgente, d'anticiper d'un jour sur la levée de cette année 1871, qui cache pour nous notre renaissance ou notre ruine ? Que l'on complète donc le contingent de 1870 par celui de 1871 ;

3° La population de vingt à vingt-cinq ans, où se recrute la mobile, est de 1,496,800 hommes. Retranchez de ce nombre le chiffre que vous voudrez pour les soldats de ligne, les exemptions, les réformes, et dites vous-mêmes ce que ce million et demi d'hommes doit laisser à la garde mobile. C'est assurément passer les bornes que de réduire comme je le fais ce million et demi d'hommes à 400,000;

4° Enfin, j'arrive à la classe des hommes de vingt-cinq à trente-cinq ans. Il y a en France, aujourd'hui, 2,871,128 hommes de cet âge. Cela n'est pas loin de trois millions d'hommes. Supposez le chiffre que vous voudrez pour les hommes mariés, qui seront exemptés de défendre leurs femmes et leurs enfants, quoique, dans un semblable péril, je ne connaisse aucune exemption de ce genre chez aucun peuple.

Et voyez ce que doit produire cette classe de près de trois millions d'hommes. Je suis au-dessous de toute vérité en la réduisant à 200,000; j'ai fait pour cela une trop grande part à la mollesse des mœurs.

Pesez, calculez, dénombrez cette immense population, qui contient des armées, et vous en conclurez nécessairement ceci : Non ! une nation, qui renferme de telles forces vivantes, accumulées, ne peut périr. Il ne lui est pas loisible d'accepter la défaite les yeux fermés. Elle ne doit pas donner accès à cette pensée.

Nous avons vu, en 1814 et 1815, la France couchée à terre ; mais les hommes valides manquaient. Ils avaient péri dans une guerre de vingt-cinq ans. Les femmes conduisaient la charrue. Les villages étaient vides de jeunes gens.

Aujourd'hui, au contraire, les bras sont là ; les contingents militaires regorgent d'hommes. Il n'y a qu'à puiser dans cet océan. La seule chose que je vous demande est de ne pas refaire administrativement la même faute, qui nous a perdus militairement. Nos armées ont été perdues, parce qu'on les a engagées l'une après l'autre, et que les Français ont toujours été inférieurs en nombre aux Prussiens.

Ne recommencez pas cette erreur de calcul dans l'appel des contingents. Ne les appelez pas en ligne les uns après les autres. N'appelez pas d'abord isolément la classe de 1870 ; puis, si elle est battue, celle de 1871 ; n'attendez pas que celle de 1871 ait été entamée pour appeler à son aide les hommes de vingt-cinq à trente-cinq ans. Non, vous rentreriez dans la voie funeste qui nous a conduits où nous sommes. Appelez à la fois tous les contingents militaires disponibles par la loi. Le nombre fait partie de votre force.

C'est ainsi qu'ont agi les Prussiens et qu'ils se sont donné la victoire. Ils n'ont pas seulement appelé l'armée de ligne, mais aussi la landwehr. Et c'est de cette manière qu'il faut comprendre ce mot, souvent répété par le gouvernement lui-même : *la levée en masse ;* non pas une foule confuse, désorganisée, comme l'entendent quelques-uns ; mais le total de la population, requise par les lois, versée dans les contingents, distribuée en corps, organisée en armées nationales.

Tout cela est évident, répéterez-vous encore. On ne peut y contredire.

— Mais, s'il en est ainsi, pourquoi ne faites-vous pas ce que vous jugez nécessaire? Dites-nous au moins ce qui vous arrête.

Pourquoi cette incompréhensible torpeur dans une question de salut? Qui vous empêche de signer les décrets que la raison et la nécessité réclament?

Est-ce le vain espoir de négocier? Mais, pour traiter raisonnablement, il vous faut des armées.

Qu'est-ce donc qui vous lie les mains?

Dites-le nous, et nous vous aiderons à vous les délier, nous tous qui venons, par notre vote, de retremper votre autorité.

Paris, 12 novembre 1870.

IX

APPEL A LA PRESSE

II

Quand j'ai vu les membres de la délégation se rendre à Tours, j'ai espéré qu'ils emportaient avec eux des résolutions concertées, des prescriptions légales, délibérées en commun, et qu'ils allaient les faire exécuter. Malheureusement, il n'en est rien. Et que peuvent la délégation, les préfets, les sous-préfets, s'ils n'ont pas entre les mains l'arme d'une loi précise, à laquelle nul n'a le droit d'échapper, sans tomber sous la peine édictée en matière de désertion ou de trahison?

Ils peuvent ce qu'ils font aujourd'hui, privés de cette force suprême : inviter, exhorter, prier, convier, et, sans nul doute, toutes les oreilles ne restent pas sourdes. Les gens d'élite vont au-devant de l'ordre qui n'arrive pas. Mais ce n'est pas ainsi que se forment les grandes armées capables de tirer une nation de l'abîme. Comment donc se forment-elles? En prescrivant, en ordonnant, en enjoignant, en commandant, et rien de cela n'est possible sans l'autorité d'une disposition juridique.

Les volontaires ont produit, dit-on, des rassemblements de 220,000 hommes. Que n'obtiendriez-vous pas, si vous ordonniez avec l'énergie de la volonté nationale déposée dans la loi militaire?

Il est aisé d'accuser l'inertie des provinces. Quand le mal serait vrai, qu'a-t-on fait pour les tirer de cette inertie? Elles sont aujourd'hui ce qu'elles ont toujours été; si, dans nos meilleures époques, on les eût abandonnées à leurs seules bonnes intentions, cela eût produit exactement ce que nous voyons aujourd'hui.

Pour moi, je suis certain que l'excuse des provinces est déjà toute préparée. Supposez que la France tombe avec nous; ce jour-là, n'en doutez pas, ce sont les provinces qui nous accuseraient. Elles diraient : Nous sommes accoutumées à obéir; pourquoi n'avez-vous pas commandé? Vous êtes la tête. C'était à vous de vouloir, à nous d'exécuter. Quand vous avez réclamé les mobiles, conformément à la loi militaire, nous vous en avons envoyé cent mille en peu de jours; ils font une partie de votre défense intérieure. Pourquoi, au nom de cette même autorité à laquelle nous n'avons jamais manqué dans les grands jours, pourquoi n'avez-vous pas appelé régulièrement les classes qui sont éparses dans nos campagnes et nos hameaux? Elles auraient marché au canon, comme les mobiles, et nous serions délivrés de l'ennemi. Par malheur, vous n'avez rien fait de ce qu'il fallait faire. Vous ne nous avez pas appelées; comment serions-nous arrivées? Pendant que vous attendiez nos bataillons et nos armées, nous attendions vos ordres. Nous n'avons rien reçu, ni ordres, ni décrets, ni arrêtés, ni injonctions, à peine des invitations. Voilà comment la France est tombée, par votre faute, non par la nôtre.

Tels sont les reproches dont les provinces pourraient se couvrir. Fasse le ciel qu'ils ne soient pas mérités un jour de plus! Si les provinces, en refusant d'obéir, avaient refusé de concourir à la défense, la question changerait.

Vous pourriez alors parler de désertion en face de l'ennemi. Mais il ne s'agit pas de cela. C'est déjà trop que de relever une pareille pensée au lendemain de la défense de Châteaudun.

J'ai avancé précédemment que si la volonté, l'uniformité de la loi militaire ne se montrait pas dans les actes du gouvernement, s'il ne se couvrait pas de cette armure, la conséquence serait de localiser la défense. Le résultat ne s'est pas fait attendre. Il ne peut en être autrement tant que les choses seront abandonnées à la fantaisie de chaque localité. Hâtez-vous donc de revenir au moyen, qui est dans vos mains, pour resserrer le faisceau.

Faites une armée, non pas bourguignonne, bretonne, normande, mais nationale, pour tenir le drapeau de la nation. Les décrets que je vous demande sur le recrutement peuvent seuls, par leur uniformité, sauver non-seulement la France, mais l'unité de la France.

Que parle-t-on de dislocation volontaire des provinces, parce que l'on croit connaître l'existence de communes à Marseille et à Bordeaux? Eh! ne savons-nous pas que c'est là le fait ordinaire de l'ébranlement qui suit les invasions? Sous un coup si violent, il n'est pas d'édifice si bien cimenté qui ne se lézarde en quelques points. Nous qui avons été témoins des invasions de 1814 et de 1815, bien moins farouches et inhumaines que celle-ci, souvenons-nous!

N'avons-nous pas vu, en ce temps-là, des dislocations de ce genre? N'avons-nous pas entendu à quelques lieues de distance crier Vive le roi! Vive la Ligue! J'ai entendu le même jour Bourg crier : Vive le cardinal Fesch ! et Mâcon, Vive d'Artois !

Pendant que nous étions séparés de Paris, n'y avait-il pas une commune bonapartiste à Blois, une commune royaliste à Bordeaux? Beaucoup de gens croyaient aussi à l'effondrement de la France. J'ai vu pleurer de nobles âmes sur la mort de la patrie.

Eh bien! non. La patrie n'est pas morte, elle a survécu à ceux qui la pleuraient. Il en sera de même aujourd'hui. Elle survivra à nos craintes, à nos douleurs, à nos désolations. Mais pour cela, il faut vouloir; il faut se défendre de la torpeur, car la première chose qui s'engourdit dans les Etats et les gouvernements, comme dans les individus, c'est la volonté.

Un regret éternel pèsera sur vous si vous continuez à rester au-dessous des mesures prescrites par le Corps législatif. Tous les partis s'armeront contre vous de cet inexplicable sommeil. Ils en poursuivront votre mémoire ; et nous qui voudrons la défendre, nous qui connaissons votre sincérité, votre patriotisme, qu'aurons-nous à dire ?

Je comprends que des hommes désespèrent quand le dernier sacrifice a été fait. Mais, au contraire, si le premier, le plus simple de tous les sacrifices, l'appel des contingents n'a pas même été essayé, où est la raison pour s'abandonner? où est l'excuse?

Il est trop tard! murmurent quelques-uns.

C'est le mot que l'on me répondait déjà, il y a deux mois, lorsque je réclamais ce que je réclame aujourd'hui. Si l'on m'eût écouté, nous n'en serions pas à nous demander : Y a-t-il des hommes en province? Ils seraient sous le drapeau. Les 90,000 mobiles que nous avons reçus eussent été l'avant-garde des départements.

Non, il n'est pas *trop tard* pour faire l'indispensable.

Est-ce le moment de redire : *Il est trop tard,* quand les vaisseaux partis d'Amérique sont signalés au port, chargés de 250,000 fusils à tir rapide?

Il y a deux mois, j'entendais répéter que les hommes abondaient, mais que les armes manquaient. Aujourd'hui, serais-je condamné à entendre que les armes abondent, mais que ce sont les hommes qui manquent?

De grâce, sortons de ces ambiguités. Il le faut, quelle que soit l'issue que l'on envisage : guerre, paix, traité, plébiscite, négociation ou combat à outrance. Dans tous les cas, il faut réunir des armées, et ce que je demande est également nécessaire.

Si quelqu'un découvre, pour organiser des

forces, un moyen plus simple, plus immédiat, que celui que je propose, l'exécution des lois, qu'il le dise; je me rangerai promptement à son avis. Sinon, qu'il vienne à mon aide; qu'il appuie l'évidence par sa parole, par sa plume, par son autorité.

Les Prussiens ont congédié pour un temps leur métaphysique. Congédions de même nos fantaisies, nos systèmes. Que chacun fasse appel à ce qu'il porte en lui de plus clair, de plus pratique, de plus sensé, de plus lumineux.

Ce sont des armes et des esprits de précision qu'il nous faut en ce moment. J'ai tenté ce travail sur moi-même, et je donne à mon pays ce que j'ai trouvé de plus évident. Puissé-je convaincre la presse, l'opinion publique et, par elles, ceux qui tiennent nos destinées dans leurs mains!

Je connais depuis longtemps vos ennemis. Je sais qu'ils en veulent non pas seulement à votre existence matérielle de nation, mais à votre existence morale, intellectuelle, à tout ce qui peut vous honorer et vous grandir dans le présent et l'avenir. Ils veulent non-seulement vous perdre, mais vous déshonorer.

Voilà la vérité. Vous êtes avertis. Sentinelles, prenez garde à vous!

Paris, 13 novembre 1870.

X

AUX CONSERVATEURS

Je me réjouis avant tout d'avoir soutenu que les provinces sont avec nous, qu'en dépit des bruits calomnieux inventés par l'ennemi, elles se sentent françaises et marchent au secours de la France. Elles n'attendaient que le commandement pour prendre leur place de bataille. Voilà ce que je répétais dans les jours sombres, où aucune nouvelle ne perçait jusqu'à nous, et où chaque chose semblait me démentir. Maintenant tout ce que j'avançais a été confirmé par l'événement. Il n'est plus possible d'en douter... la guerre devient nationale. La terre tremble sous les pas de deux millions de Français.

Un mot seulement encore sur ce que je crois une cause gagnée. Le gouvernement vient d'appliquer à Paris les lois dont je réclamais l'exécution. Rien de mieux; mais après les avoir appliquées à Paris où elles étaient moins indispensables, quelle raison peut-il y avoir de ne pas les appliquer aux provinces qui ne sauraient s'en passer?

Si quelqu'un pouvait conserver un doute sur la nécessité de ce que j'ai proposé, l'exemple de l'Amérique achèverait ma démonstration. Pendant la guerre de sécession, où les États-Unis ont été, comme nous aujourd'hui, en péril de mort, ce n'est pas le patriotisme ni l'ardeur de la lutte qui leur manquait, et pourtant, qu'ont-ils fait? Précisément ce que je ne me lasserai de demander que je ne l'aie obtenu, en termes formels.

D'abord, ils ont cru qu'ils pourraient s'en rapporter au zèle privé des volontaires. Bientôt, le nombre de ceux-ci ne suffisant pas, on ajouta des primes; après un court essai, les primes ne suffisant pas davantage, les États-Unis en revinrent aux levées d'hommes par les lois ordinaires du recrutement. Alors, ils eurent des armées; ce fut la fin de la guerre par la victoire.

Que cet exemple nous serve et qu'il décide de la question.

« Le pays veut se battre, » dit le *Times* lui-même.

Profitez donc de ce moment où l'espérance renait de toutes parts. Donnez l'impulsion, elle sera irrésistible. Ne laissez plus flotter au hasard les volontés de délivrer la France.

La victoire reposait, venez à son aide. A l'appel des lois, vous verrez toute la France fourmiller d'hommes. Ce spectacle parlera plus haut que toutes les négociations du monde.

Le 7 septembre dernier, je rentrais en France, après dix-neuf ans. Les premiers hommes que je rencontrais, à l'extrême frontière dans mon département de l'Ain, à Virieu-le-Grand, venaient justement de sortir du sillon. C'étaient des mobiles de l'Ain. Ils étaient là, dans un pré, sous le vent et la pluie, grelottant, frissonnant, à peine vêtus de la blouse, sans une seule arme, mais déjà en ligne, et la tête haute. Et qui les avait rassemblés? Qui les retenait dans le rang? Le devoir. Et pourquoi marchaient-ils ainsi la tête haute vers Paris? Parce qu'ils avaient été appelés et qu'ils venaient d'entendre une voix leur crier : Marche! C'est là un bien petit fait, mais appliquez-le, comme il dépend de vous, à la France, et la France est sauvée. Vous n'aurez pas seulement des armées de centaines de mille hommes, vous les compterez par millions.

Quelques hommes ont donné récemment de funestes conseils à ce qu'on appelle les classes supérieures. Nous avons vu la réaction, il y a vingt ans, livrer la liberté. On aurait pu croire que cette même réaction reculerait s'il s'agissait de livrer la France. Eh bien! non! Les mêmes sophismes, qui ont servi à perdre la liberté, on les renouvelle pour perdre la nation.

Que les classes dites supérieures y prennent garde! Elles pourraient avoir à se repentir de l'horrible victoire qu'on leur propose. Je ne suis pas chargé de leurs destins. Mais je crois pouvoir leur dire qu'une nation ne pardonne jamais à ceux qui lui ont fait accepter la honte. Dans l'anéantissement de la France, une chose survivrait : l'exécration contre ceux qui lui auraient conseillé l'opprobre.

Partout, en Europe, les classes supérieures ont défendu avec vigueur leur nationalité contre l'invasion. C'est là ce qui s'est vu en Prusse, en Allemagne, en Russie, en Pologne, en Espagne, en Italie. Si les classes conservatrices, poussées par un mauvais génie, faisaient le contraire en France, si elles s'accoutumaient à l'idée du démembrement, elles reconnaîtraient par là qu'elles ne sont plus que des membres morts. Qu'elles songent!

Ceux qui ont demandé la paix, la paix, croient qu'une paix honteuse leur donnera le repos.

Ils se trompent. La honte est un mauvais oreiller qui ne laisse de sommeil à personne. Un peuple ne peut se rendormir sur ce chevet.

Il s'agite jour et nuit. Dans une France avilie, il n'y aurait plus de place que pour des gouvernements chancelants et croulants sans répit.

Vous demandez la paix! Vous n'en trouverez pour personne sur le lit d'opprobre; et pour vous, moins que pour tous les autres. Souvenez-vous de la Restauration. On ne lui a laissé aucun répit parce qu'elle était venue de l'étranger avec l'invasion.

Que serait-ce de vous, qui sembleriez l'avoir attirée du dedans? On dirait que pour mieux perdre la France, vous lui avez lié les mains par derrière.

Des esprits, dont on ne peut nier la sincérité et la valeur, acceptaient volontiers l'idée de la convocation d'une Assemblée dans la France envahie, sous le couteau prussien.

J'aurais voulu les prémunir contre cette idée hâtive, parce que j'y voyais le piége le plus habile qui nous ait été tendu jusqu'ici par nos ennemis.

Voici quelques-unes de mes raisons :

L'ennemi, qui chaque jour nous montre ses fureurs, nous conseille cette convocation. Il est le plus empressé à la vouloir. Il y revient sans cesse. Au bout de ses baïonnettes, et par la gueule de ses canons, il nous offre cet appas. Donc, nous devons nous en défier; donc, nous devons penser que c'est pour lui le moyen le plus sûr de nous anéantir.

Faire voter, par ce qu'on appellera la France, l'anéantissement de la France, quel coup de fortune! Quel chef-d'œuvre! C'est celui de M. de Bismark.

Voulez-vous concourir à ce chef-d'œuvre?

Mettez-vous un moment à la place de M. de Bismark, c'est-à-dire de l'homme qui vous hait par excellence, qui a juré votre perte ; et suivez sa pensée. Il a vu, pendant vingt ans, des assemblées françaises livrer toutes les libertés de la France. Naturellement et nécessairement, il doit penser qu'il pourra trouver sous le couteau, de nouvelles assemblées, d'un tempérament tout semblable, qui voteront avec une majorité écrasante *d'hommes sages*, non seulement l'esclavage de la France, mais son démembrement.

Le 2 décembre a obtenu pendant dix-neuf ans les candidats officiels de M. Louis Bonaparte. Pourquoi M. de Bismark n'obtiendrait-il pas aussi ses *candidats officiels* sous le nom d'indépendants, de patriotes, de gens raisonnables, judicieux, et de notables? Ne doutez pas que ce ne soit le fond de la pensée de votre ennemi, et pouvez-vous assurer que sous la pression de huit cent mille baïonnettes (sans compter celles dont les bonapartistes de Metz et de Wilhelmshohe vous menacent) elle n'ait aucune chance de se réaliser? Et s'il est une seule chance d'être légalement, artistement anéantis, devons-nous, pouvons-nous l'accepter? Voulons-nous que la France périsse, conformément aux règles de l'art? Cela vous suffit-il? Pour moi, non. Après avoir été vaincus par la tactique militaire de M. de Moltke, vous plait-il de l'être par la tactique bureaucratique de M. de Bismark? Battus à la fois par l'épée de M. de Moltke et par la plume de M. de Bismark, c'est trop, c'est trop pour moi. Je me refuse à cette double défaite.

Si la liberté avait si bien péri chez nous, c'est qu'on s'était servi des instruments ordinaires de la liberté pour l'escamoter. Aujourd'hui nos affaires sont trop sérieuses pour que je me prête à ce dernier coup de dé.

Ne détruisons pas de nos mains notre nation, par les représentants de la nation. Assez de ce jeu-là. Ne laissons pas du moins escamoter la France!

Qu'une nation soit frappée sur le champ de bataille, rien n'est irréparablement perdu pour cela. Les lambeaux vivants que la force lui arrache aujourd'hui, peuvent lui être rendus demain par la force. C'est le jeu des batailles. Son droit reste entier, la postérité ne tarde pas à le réclamer.

Mais si cette même nation vient elle-même, sous le sabre et la schlague, voter sa défaite, proclamer son démembrement, légitimer son anéantissement, c'est là un suicide presque irréparable.

Voilà comment on est parvenu à tuer la Pologne.

Des semblants de Diètes polonaises, assemblées frauduleuses convoquées sous le knout, ont voté la mort de la Pologne. Et tout a été dit pour longtemps. Frappés par le sabre, ne le soyons pas par nos propres mandataires.

Ne nous refaites pas des Diètes françaises pour démembrer la France. Dieu nous garde d'une tribune française entre deux factionnaires prussiens !

Nous sommes dans la bataille ; le canon gronde autour de nous. Est-ce le moment de prêter l'oreille aux circonlocutions d'un nouveau Corps législatif? Nous avons besoin de force morale, d'énergie. Est-ce là ce que nous sommes accoutumés à trouver dans nos Assemblées?

Y en a-t-il une seule où la majorité n'ait été du parti de la force et du succès? Telle est la nature de toute Assemblée; le plus grand nombre est toujours timide dans ses conseils; la Convention elle-même n'a échappé à cette loi qu'en poussant les timides par la Terreur. Et qui donc aujourd'hui voudrait la terreur?

Autre raison plus décisive encore. Ne croyez pas qu'une Assemblée nationale, parce qu'elle prend ce nom, ait le droit de tout faire?

J'ai nié pendant vingt ans au Corps législatif le droit de légitimer le crime et la scélératesse. L'événement a fini par me donner raison.

Ce n'est pas pour accorder aujourd'hui à une Assemblée nationale le droit de voter l'anéantissement national de la nation. L'absurdité des mots fait toucher ici l'absurdité de la chose.

Non, je n'accorde pas à une Assemblée quelconque le droit de m'ôter, de m'arracher à moi et à mes compatriotes, mon pays, ma nationalité, c'est-à-dire l'héritage civil, moral, intellectuel que j'ai reçu de mes pères.

Je ne lui accorde pas le droit de me transporter de race en race pour faire de moi à son caprice, un Prussien, un Allemand, ou un Calmouk. La force plébiscitaire, sous le joug, ne va pas jusque-là.

Et pourquoi? Parce que, encore une fois, il n'y a pas de droit contre le droit. Dès que vous sortez de cette maxime fondamentale, vous êtes à la merci de tous les crimes habiles.

Réclamez d'une Assemblée ce qu'elle peut donner, et non pas autre chose. Ne demandez pas au droit de fonder l'injustice, ne lui demandez pas de déclarer que 2 et 2 font 5; qu'un Français est un Allemand; cette Assemblée pourra bien déclarer que l'Alsace et la Lorraine, en y ajoutant si vous voulez la Champagne, et par surcroît, la Franche-Comté, et sans marchander par dessus le panier, la Bourgogne et l'Ile-de-France sont des états tudesques, régis par la Confédération teutonique.

Sachez d'avance que des votes semblables n'ont ni sens, ni valeur, ni légalité. Ils veulent dire seulement que le plus fort les a imposés au plus faible; qu'il s'est donné le plaisir d'avilir ceux qu'il tient sous ses pieds et de les rejeter dans l'absurde.

Mais de ces absurdités, ne ressort aucun droit que celui de la conquête bestiale. L'occasion manque seule au vaincu pour tourner de pareils arguments contre le vainqueur. Celui-ci s'est attaché au visage un masque sanglant. La postérité est toujours en demeure de le lui arracher.

Et quelle belle idée, après tout bien digne de nos docteurs de Berlin et de leurs disciples! Faire voter la France séparée de Paris; oui, se donner le suffrage d'un décapité.

Ne voulez-vous donc, me dira-t-on, point

d'Assemblée nationale pendant le feu de la bataille?

Ah! que vous me faites injure! au contraire, je ne cesse depuis trois mois de demander, d'implorer la convocation d'une Assemblée nationale. Je la veux même très-nombreuse, d'au moins deux millions de notables. Je veux même que la gauche, l'extrême gauche, les deux centres et la droite soient armés de fusils à tir rapide. Je veux aussi qu'une artillerie formidable de six canons pour mille orateurs soit placée dans les intervalles du centre gauche et du centre droit, et une quantité proportionnée de mitrailleuses dans les couloirs et à chaque étage des tribunes réservées ou non au public.

La délibération commencera, en termes parlementaires, modérés par la mitraille, sur le front des orateurs ennemis; elle continuera par une fusillade honnête, sage, tranquille, sérieuse, à hauteur de ceinture. La réserve prononcera la clôture d'un mot foudroyant. Après quoi, nos honorables adversaires s'inclineront sous le vote, l'épée dans les reins.

Venez donc, Français des départements, de l'Est à l'Ouest, et du Midi au Nord. A nous! Vous êtes cinq millions en état de porter les armes! Venez, nous vous tendons les mains. C'est l'ennemi qui avait forgé tous les faux bruits de dissension, de séparatisme. Il mentait. Devant lui, nous ne formons qu'un seul homme.

Ne croyez pas davantage aux négociations entamées. Le monde sera avec vous, s'il vous voit forts; il vous vendra s'il vous voit faibles. Car il porte encore en lui l'esprit du 2 décembre, dont vous avez été affranchis et dont il reste esclave.

Jamais ennemis plus haineux n'ont dévasté vos villes et vos campagnes; et ne pensez pas leur échapper, si vous nous laissez périr.

Hommes des départements, voulez-vous qu'ils aillent vous obliger de saluer, chapeau bas, leurs officiers qui ont tué vos amis, vos fils, vos parents?

J'ai vu les invasions de 1814 et de 1815. Jamais, je l'affirme, les Cosaques de 1815, n'ont exercé la centième partie des cruautés commises par les Allemands de 1870.

Venez donc, marchez, arrivez! Empêchez ces ravageurs de faire un pas de plus!

Venez; nous vaincrons, morts ou vivants!

Paris, 1er décembre 1870.

XI

PENDANT LA BATAILLE

Écoutons le bruit de la bataille et affermissons notre espoir !

Que nous présagent ces heures terribles qui retentiront dans la postérité la plus lointaine? La délivrance. Que signifient le silence de cette ville incomparable, sa foi, sa sérénité dans l'extrême péril? Elle sent la victoire, elle la possède d'avance. Rien ne peut la lui arracher. Elle a ressaisi le sceptre des esprits; sa victoire est nécessaire au monde.

Qui jamais a entendu parler d'un spectacle pareil? Une ville désarmée pendant vingt ans par les traîtres qui prétendaient régner sur elle; des ennemis innombrables amenés par la main pour l'étouffer au gîte; toute la race allemande vociférant autour de ses murs : Paris! Paris! et le monde à moitié complice de ces barbaries se réjouissant de voir tomber sous le couteau l'esprit de liberté et de civilisation.

Eh bien ! ces instincts sauvages, cette haine de la lumière ont été trompés. De cette ville que l'on croyait surprendre endormie par l'esclavage ou abattue par la famine sont sorties des armées que la liberté vient d'enfanter, et qui en naissant portent au front la victoire. On niait leur existence, pour toute réponse elles courent à l'ennemi.

Maintenant, elles sont là, près de nous, aux prises avec les ravageurs qui croyaient n'avoir qu'à étendre la main sur nous pour nous écraser. Dès leurs premiers pas, elles ont fait reculer ceux qui disaient : Il n'y a plus de France! Aux incrédules qui déclaraient la République impossible, elles ont montré la République victorieuse.

Heureux ceux qui sont dans la mêlée avec le général Trochu et le général Ducrot! La gloire les accompagne, les vœux de toute la France sont pour eux! Ils n'ont pas le tourment de l'attente, de l'incertitude; ils voient l'ennemi se retirer ou tomber sous leurs coups; ils savent que trente-huit millions d'hommes vivent de leur vie et que leur mémoire subsistera tant qu'il y aura une France.

Pour nous, nous savons, nous affirmons une

seule chose : c'est que, morts ou vivants, ils sont victorieux. Leurs dangers, leurs blessures, leurs souffrances, ont une récompense assurée ; cette récompense qui ne peut leur manquer c'est d'avoir sauvé la patrie.

Oui, ils ont été déjà deux fois vainqueurs, ils le seront encore dans tous les cas, et pour toujours, parce que leur exemple a rendu la guerre nationale, et que toute guerre nationale aboutit nécessairement au triomphe.

Que leurs amis, leurs parents se réjouissent donc de ce triomphe certain.

La lutte qu'ils soutiennent sur le plateau d'Avron a désormais son écho dans chaque village de la France. On n'endormira plus cette grande nation, que les coups portés aujourd'hui sur la Marne et la Seine ont achevé de rendre à elle-même.

La voilà qui arrive par tous les chemins! Que peut la Prusse, arrachée de ses fondements, contre cette France qui partout combat chez elle, partout enfante un vengeur, une armée? Elle avait hier pour elle le bon droit; elle a aujourd'hui la force. Un échec sur un point ne peut l'abattre; l'ennemi, au contraire, est obligé de vaincre partout, s'il ne veut pas périr. Le châtiment approche pour lui; il a déjà commencé.

Les barbares! Ils ont tenté d'effacer de la

terre ce nom de France pour y substituer le leur.

Ils ont voulu faire un grand vide à la place de ce peuple dont le génie les importune.

Ils seront punis deux fois de ce crime envers la société humaine. Ils verront tomber leur rêve monstrueux de domination, et grandir dans la Liberté et la République le peuple qu'ils voulaient anéantir.

Paris, 3 décembre 1870.

XII

LA DÉPÊCHE DE M. DE MOLTKE

M. de Bismark nous garde rancune. Il sent que son éloquence a perdu son crédit; il désespère de nous convertir; nos oreilles sont sourdes à sa voix. Voyant notre dureté d'âme, il vient de se substituer M. de Moltke, qui entreprend à son tour de nous apitoyer sur nous-mêmes. Race ingrate que nous sommes, ce nouveau conseiller ne nous touche pas plus que l'ancien. Nous avons dédaigné le style du chancelier; maintenant nous ne goûtons pas davantage le style du chef d'état-major. Ni la plume, ni l'épée n'ont de prise sur nous. Voilà bien Paris, la *ville de Satan* (Satanshaus), selon les prophètes de Berlin.

M. de Moltke a l'insigne bonté de nous donner des nouvelles de l'armée de la Loire. Par malheur, son langage est si bref que nous sommes réduits à deviner ce qui fait ordinairement la matière de ces sortes de communications, je veux dire le lieu, l'heure, l'ensemble de l'événement. Tout ce que nous pouvons discerner dans ce vague, c'est l'intention formelle de jeter dans les esprits un épouvantail. Ce dessein est trop évident; l'art trop peu déguisé; il a manqué son effet. Paris a vu qu'on veut lui faire peur; Paris s'est mis à rire. Voilà sa première réponse.

Que nous apprend M. de Moltke? L'armée de la Loire a été défaite, nous dit-il. Quoi! rien de plus? Et sur cela il pense nous consterner. Pour nous qui connaissons les vantardises de langage de la Prusse, nous savons que, si l'échec eût été grave, on nous eût dit : « L'armée de la Loire a cessé d'exister; elle a été dispersée. » Désastre, catastrophe, ruine, extirpation, tels sont les mots dont l'état-major prussien se serait servi.

Mais être seulement *défaits*, cela est bien peu de chose quand il s'agit des Français ! Ils eussent été victorieux que le général prussien n'aurait guère employé un autre langage.

Traduisons cette dépêche dans le langage ordinaire; elle veut dire qu'une partie de l'armée de la Loire s'est repliée sur les renforts, sans avoir été ni coupée, ni entamée.

Mais Orléans repris ! dira-t-on.

— Eh oui ! sans doute il vaudrait mieux qu'il fûtresté dans nos mains.

La statue de Jeanne Darc n'aurait pas été insultée par un uhlan; toutefois, elle a un bras d'airain pour se venger. Elle n'y manquera pas.

N'allons pas donner à cet accident de guerre l'importance qu'il n'a pas, comme si Orléans était une place de guerre, une position décisive, un camp retranché sur une grande route qui doit conduire les armées de secours à Paris. J'ai toujours montré, répété, établi, que le chemin des armées de secours qui doivent venir nous tendre la main ne traverse pas Orléans.

Où donc passe le chemin ? demanderez-vous.

Permettez-moi de ne pas répondre ici à cette question, sur laquelle je suis prêt à m'expliquer ailleurs.

Admettons qu'il y ait eu un échec sur les bords de la Loire. Je dis que toute guerre nationale a commencé par des échecs de ce genre, pour arriver à la victoire. Rappelons nos souvenirs.

Dans la guerre nationale d'Espagne, les Espagnols ont commencé par être *défaits* à

Sommo-Sierra, à Ocana, en bataille rangée. Cela les a conduits à se venger à Vittoria et dans toute la Péninsule.

Dans la guerre nationale de Russie, en 1812, les Russes ont commencé par être *défaits* à Smolensk, à la Moskowa. Cela les a conduits à se venger sur la Bérésina et le Niémen.

Dans la guerre nationale d'Allemagne, en 1813, les Allemands ont commencé par être *défaits* à Dresde, à Lutzen, à Bautzen. Cela les a conduits à se venger à Leipsick et à Waterloo.

Et comment sont-ils parvenus à faire sortir de leurs échecs la victoire suprême ? En redoublant à chaque défaite leur haine de l'oppression, en retrempant dans leur sang la volonté de se venger ; en usant l'envahisseur à force de patience, de persévérance ; surtout en concentrant leurs armées sur les points principaux, de manière à écraser l'ennemi du poids de toute une nation.

Nous aussi nous avons, nous aurons de la persévérance : notre nation s'est rassemblée. Son poids ne sera pas léger sur la tête de ceux qui prétendent l'exterminer. Patience encore ! Nous avons eu des désastres, puis des échecs, puis des victoires. Du gouffre nous sommes revenus à la lumière. Nous ne redescendrons pas dans l'abîme. C'est à nos ennemis de s'y précipiter. Ils trouveront chez nous, puisqu'ils le veulent, leur Bérésina et leur Leipsick.

Paris, 7 décembre 1870.

XIII

LA NOUVELLE FORÊT DE L'ARGONNE

Persuadons-nous bien une chose : notre ennemi n'a qu'une pensée, Paris. Le roi Guillaume, M. de Bismark, M. de Moltke, sont là près de nous, immobiles, l'œil fixé sur Paris, comme le serpent sur sa proie ; ils le couvent du regard. Ils étendent autour de lui leurs plis et leurs replis. Quoi qu'ils fassent, ou de près ou de loin, ils poursuivent, avec la patience du reptile, ce projet unique, étouffer Paris pour étouffer la France.

Voilà pourquoi toutes les directions leur sont bonnes, pourvu qu'ils éloignent de Paris les armées de secours. Avec une témérité qu'ils finiront par payer cher, ils jettent leurs armées au nord, au midi, à l'ouest ; à Orléans, à Rouen, à Honfleur même, comptant bien que les armées françaises seront entraînées à les suivre dans chacune de ces voies, de manière à perdre de vue l'idée mère de la campagne et le gage de la victoire, c'est-à-dire la délivrance de Paris.

C'est au gouvernement et surtout à la délégation à n'être pas dupes de ce piége. Que la délégation poursuive son but avec la même obstination que les Prussiens mettent à l'en détourner; elle sera dans le vrai chemin; que les échecs eux-mêmes lui servent à changer de route, à en prendre une meilleure; et ils nous profiteront.

Mais, au contraire, s'il suffit à l'ennemi de faire une démonstration d'attaques sur un point pour que nous nous y portions en masse, oubliant le but suprême, oh! alors nous courons risque de frapper dans le vide et de manquer notre proie.

Si l'on se pénètre de ces vues, l'échec d'Orléans pourra conduire à la victoire. En effet, que nous a servi depuis un mois la possession d'Orléans, augmenté même de son camp retranché? Elle nous a servi à prendre pour champ de bataille le terrain qui nous convient le moins, la route d'Etampes, de Chartres, une plaine sans abri, la Beauce, où il est presque incroyable que des troupes de nouvelle formation aient pu battre de vieilles troupes, supérieures en cavalerie et en artillerie. Car nos jeunes soldats ne trouvaient, dans ces plaines nues, pas un seul pli de terrain pour se couvrir ; plus ils avançaient sur ces vides plateaux, plus ils étaient à découvert. Ce n'est point là que la fortune de la France devait se relever en un moment.

Ne regrettons donc pas trop que ce lambeau de terre nue nous ait été arraché pour un jour.

Quel champ de bataille faudrait-il à nos nouvelles armées qui viennent de sortir du sillon? Il leur faudrait un terrain qui fut tout le contraire de celui qu'elles viennent de quitter. Ce serait une nouvelle forêt de l'Argonne qui arriverait de la Loire jusqu'aux portes de Paris, un nouveau bocage de Vendée où chaque champ serait enclos de haies, ce qui permettrait à nos tirailleurs de s'embusquer et d'assurer leur feu, et empêcherait la cavalerie de les tourner ; où le terrain argileux, impraticable pendant les pluies, arrêterait l'artillerie prussienne et donnerait tous les avantages au premier occupant.

Je voudrais que les bois se joignissent aux bois de manière à ce qu'une armée française pût couvrir ses approches sans craindre les surprises ; et, si l'on m'accordait cela, je demanderais encore que cette région fût comme le nœud de toutes les forêts de France, afin que les communications ne pussent jamais être coupées.

S'il existait une région de ce genre, je dirais, je répéterais que c'est là que doit être notre forêt d'Argonne de 1870, notre bocage de Vendée, notre pas des Thermopyles.

Or, cette région existe.

J'ai fait ce qu'un homme peut faire pour la désigner auprès de ceux qui tiennent notre sort en leurs mains. Tout ce que je puis ajouter, c'est que de notre échec d'Orléans nous pouvons tirer un avantage, si d'un champ de bataille défavorable nous sommes conduits par la fortune à un champ de bataille mieux préparé pour nous.

Or, il est certain que notre retraite n'a fait que nous en rapprocher. Elle nous a placés dans la direction où est le salut, comme si la fortune eût voulu nous sauver par les leçons qu'elle nous donne. Si nous savons en profiter, notre situation stratégique est incontestablement meilleure aujourd'hui qu'avant notre retraite d'Orléans.

Qu'avons-nous à apprendre de la lutte de six jours du général de Chanzy, dans la forêt de Marchenoir? C'est que nos jeunes troupes sont invincibles pour peu qu'elles soient aidées par les lieux. Quittez donc sans regrets les plaines de la Beauce. Pendant que l'ennemi parcourt cette vaste circonférence : Blois, Tours, le Mans, vous êtes ramenés à Nevers, sur le rayon qui aboutit à Paris à travers les régions où tout combattra pour vous. Que Frédéric-Charles se promène au loin dans le Perche ; il y est occupé par Chanzy, et vous êtes déjà placés à l'est sur ses derrières.

L'armée de Bourbaki couvre, nous dit-on, le Nivernais. Que ce soit la volonté réfléchie des chefs ou la nécessité, cette dernière position est la meilleure pour nous. Les montagnes du Morvan et les forêts de la Puisaye sont un premier boulevard. Sur cette base entrez dans ces régions, où d'arbre en arbre, de ravin en ravin, vous serez couverts et protégés jusqu'à nos forts. Pour peu que vous incliniez sur votre droite, toute l'armée allemande est tournée; vous êtes plus près qu'elle de sa ligne de retraite.

Mais n'oubliez pas que c'est sur Paris qu'il faut marcher par ce chemin nouveau; tout ce qui vous en éloigne est un mal; tout ce qui vous en rapproche, même par une voie détournée, est un bien.

Vous avez de Gien à Montargis, à Troyes, à Fontainebleau, votre nouvelle forêt d'Argonne, et celle-ci ne s'arrête pas en Champagne, elle arrive jusqu'à nous. Transportez donc là votre champ de bataille; couvrez vos mouvements de ces inextricables labyrinthes, où il sera impossible à l'ennemi de vous surprendre, car vous y ferez des abatis, des retranchements, dont les forêts vous fourniront les matériaux. Vous y vivrez aisément, puisque cette partie du territoire est celle qui est en communication avec les provinces d'où nous tirons notre alimentation par le bétail du Nivernais, du Charollais, du Bourbonnais. Il est impossible que vous y soyez cernés, ni coupés, puisque partout s'ouvrent des routes et des directions divergentes, qui toutes vous conduisent sur les derrières de l'ennemi.

Dans cette marche, où vos flancs sont assurés, une seule journée heureuse, et vous venez déboucher à Paris, prenant à revers les positions prussiennes, que l'armée de Paris écrasera de face.

J'ai signalé depuis deux mois à l'attention des juges compétents cette direction nouvelle.

Elle ne peut plus être aujourd'hui un mystère, puisqu'elle est maintenant forcée et dévoilée par l'événement, qui nous ramène au plan de salut. Ce plan nous est à la fois imposé par la condition de la défense de Paris et par la nature même de la région forestière de la France centrale. D'ailleurs cette contrée boisée est si étendue, elle offre tant de débouchés opposés, que la nommer c'est ne rien divulguer de ce qui doit être secret.

Résumons ce qui précède en peu de mots : Ce qu'on a appelé la défaite a servi à replacer les armées françaises dans leurs vraies lignes d'opération ; elles ont devant elles le chemin que j'ai toujours demandé pour elles. Les succès des Prussiens les éloignent de plus en plus de leur base. Encore un succès de ce genre, et ils seront acculés aux rochers et aux terriers de Bretagne.

Les voilà condamnés à vaincre toujours ou, au premier échec, à être prisonniers.

Nos armées, au contraire, n'ont plus qu'un pas à faire pour être plus près de l'Allemagne que les Allemands. Qu'elles le fassent, ce pas! Qu'elles entrent dans la voie ouverte devant elles; par ce chemin, elles viendront bientôt assiéger les assiégeants sous les murs de Paris.

Paris, 18 décembre 1870.

XIV

LA VICTOIRE MORALE

Le bombardement a commencé. Fort bien. Au nom de la fraternité, nous devons à nos frères allemands de leur donner une leçon exemplaire qu'ils n'oublieront jamais. Ils en ont besoin pour se guérir en un jour de leur infatuation poussée à la démence. Chargez donc vos armes, pointez et visez juste. Tirez tranquillement, libéralement, consciencieusement. C'est aujourd'hui le premier et le dernier mot de la philosophie, telle qu'ils nous l'ont faite.

Que veulent-ils? Nous conquérir. Rien de plus juste. Mais jusqu'ici tout conquérant s'est couvert de quelque masque de civilisation et de droit. Les Romains avaient le droit romain; les Arabes, s'ils portaient dans une main le cimeterre, présentaient dans l'autre le Coran; nous-mêmes, dans nos guerres, nous apportions avec nous le Code civil. Ceux-ci, que nous apportent-ils? L'incendie, la rapine, le pillage, la famine, le meurtre à tout propos. Est-ce assez? Dévastation et mort, voilà leurs promesses.

Si quelqu'un a pu découvrir une autre pensée de civilisation dans les paroles officielles ou privées de ces docteurs *utriusque juris*, qu'il le dise.

Eh bien! oui, il est encore une idée qui revient souvent chez eux au milieu du carnage.

La voici : « Nous avons fait trop de mal aux Français pour qu'ils puissent l'oublier. Donc, il faut les anéantir. » Ce raisonnement est celui de l'homme qui, après avoir volé un passant, se fait un devoir de l'assassiner pour l'empêcher de se plaindre.

Quand je songe que la Prusse a été si promptement acculée à ce cynisme, et qu'elle n'a pas d'autre mot à la bouche pour couvrir ses meurtres, je suis bien obligé de reconnaître que la France a déjà pour elle la victoire morale; et je salue, j'acclame cette victoire, présage assuré de l'autre. Je dis et je maintiens qu'il n'est rien de plus beau dans notre histoire que ces trois mois du siége de Paris, où la liberté républicaine a fait ce miracle de rendre à un peuple tout ce que la servitude lui avait enlevé, les forces de l'âme et les forces du corps. Malheur à qui ne voit pas cela!

Le signe avant-coureur de la défaite, celui de l'infériorité de l'esprit chez le roi Guillaume et ses conseillers, est de n'avoir eu aucun pressentiment de ce que la liberté et la régénération morale peuvent faire. Ils croyaient que Paris se rendrait en huit jours; non-seulement ils l'ont cru, mais ils ont eu la simplicité de le dire; et c'est là qu'est la marque de la borne de l'intelligence. Car il n'est pas besoin de tant d'esprit que l'on imagine pour opprimer les hommes. Nous le savions par M. Bonaparte; nous l'apprenons par son élève, M. de Bismark. Pour moi, je suis charmé de voir ces hommes de ruse si niaisement dupes de toute noblesse de cœur, de toute grandeur véritable.

Ils jugeaient Paris et la France par des observations banales, par des propos de table, par des littératures de police. Au delà de cette première enceinte, ils n'ont rien vu, rien pénétré. Ce Paris nouveau, cette France nouvelle, qui viennent de se révéler, ils n'en ont eu aucune connaissance; et les voilà maintenant tout ébahis de ce génie qui renaît, de ces forces qui sortent de terre. Étranges conquérants, qui commencent par être ridicules!

Ils déroulent sur leurs tables des cartes géographiques soigneusement gravées à Berlin, pour chaque arrondissement du territoire français. Ils distribuent à chaque officier ces cartes merveilleuses qui devaient leur ouvrir le chemin de nos villages. Mais dans cette topographie érudite ils n'ont oublié, méconnu, laissé en blanc, qu'une seule chose : l'esprit de ce peuple qu'ils prétendaient dominer et écraser. Et cet esprit, dont ils n'avaient aucune idée, se réveille; il se retrouve, c'est lui qui les enveloppe. C'est lui qui est debout au seuil de chaque maison. En se montrant il les convainc non-seulement de perversité, mais d'incapacité.

Victoire à l'esprit! il est aujourd'hui le plus fort, comme il le sera toujours; Paris a plus d'esprit que M. de Bismark et tous ses Teutons rassemblés. C'est là ce qui ajoute à leur froide fureur dont notre siècle s'étonne. Sortez donc d'ici, barbares! Sortez de cette terre de liberté. Ou plutôt faisons si bien que vous n'en sortiez jamais!

Mais, dites-vous, ils ont la science. Et moi je vous réponds : Il en sera de leurs armées comme de leur science philosophique qui n'a eu qu'un moment. Où sont-ils tous ces fameux systèmes qui prétendaient aussi gouverner le monde? Qu'en reste-t-il? Montrez-moi un seul livre qui en contienne encore une parcelle. Tout cela est dispersé comme la poussière. Il en sera de même de cette poussière d'hommes qui poudroient dans nos champs.

Oh! le beau jour que celui où l'esprit français prendra corps à corps l'esprit allemand et le déshabillera de ses oripeaux métaphysiques! Que restera-t-il alors de ce spectre de science qui s'est dressé un moment dans les intelligences pour s'évanouir presque aussitôt? Ce jour-là, on verra ce que l'infatuation a pu produire de ballons enflés dans une race humaine. La moindre piqûre d'épingle dégonflera ces systèmes. A vrai dire, la chose est déjà faite.

Les Allemands eux-mêmes ont été les premiers à rejeter, comme une monnaie fausse, leur philosophie.

Cherchez, au delà du Rhin, quelqu'un qui prenne au sérieux ces outres vides, vous ne trouverez plus personne.

Il y a déjà quarante ans, l'illustre Creutzer, l'auteur de la *Symbolique*, me disait : « — Il m'arrive une chose extraordinaire.— Quoi donc, monsieur? — Eh bien! je ne puis comprendre la philosophie allemande que si elle m'est expliquée par un Français. — Cela ne m'étonne pas, lui disais-je. Pour descendre dans un caveau, il faut une lanterne. »

Et c'est parce que la France est cette lumière du monde qu'ils ont juré de l'éteindre.

Règle sans exception : tous les livres allemands modernes qui ont une chance d'avenir ont reçu à un degré quelconque le souffle du génie français. Au contraire, tous ceux qui sont restés purement allemands, sans aucun reflet de la France, sont des œuvres teutonnes, excentriques, éphémères, qui n'entreront jamais dans le domaine de l'esprit humain. Et c'est ce souffle qu'ils prétendent étouffer!

Aussi, voyez où ils en sont? Quelques mots suffiront pour éclairer cette nuit.

Ils avaient une philosophie qu'ils suivaient avec ardeur et qu'ils nommaient la science de Schelling, de Hegel. Bientôt ils se sont aperçus que cette philosophie ne les conduisait qu'au désert. Ils s'en sont retirés avec fracas, à la manière de l'hydrophobe. Seulement, ces doctrines qui les avaient trompés, ils ne les ont remplacées par aucune autre.

Voilà pourquoi ils donnent en ce moment le spectacle d'un peuple qui renie effrontément tout ce qu'il a proclamé comme la règle du vrai. Mais le reniement poussé à ce point a un nom parmi les hommes. Il s'appelle cynisme. Vous voyez, en effet, que le cynisme est au fond de toutes les déclarations qui nous viennent de l'Allemagne.

Par là vous comprenez aisément d'où sortent ces paroles aussi meurtrières que les actes, cette ostentation de barbaries, ces prétendues lois de la guerre forgées chaque jour comme une insulte au sens commun et à la nature humaine, cette théologie du meurtre, cette philosophie du vol, cette diplomatie du pillage, cette métaphysique du crime, ce défi à la justice, au droit, à l'humanité.

Tout cela part d'une nation qui a éteint ses propres lumières et veut éteindre celles des autres. Elle a besoin de la nuit pour sa grande orgie tudesque, qu'elle appelle son époque.

Mais c'est là aussi pour elle qu'est l'impossibilité de la victoire. Non! le cynisme comme drapeau, principe, religion, ne deviendra pas le maître de l'espèce humaine; il ne prévaudra pas. Puisque les Allemands, rejetant toutes leurs professions de foi, n'arborent que le cynisme, n'invoquent que le cynisme; puisque le cynisme est tout ce qui reste au fond de leur coupe et qu'ils en sont froidement enivrés, il est certain, il est démontré, qu'ils ne sont pas faits pour vaincre la France et le monde.

O France! chère patrie! jamais tu ne fus si grande qu'en ce moment où, pillée, saccagée, assassinée par ces doucereux Vandales qui juraient n'en vouloir qu'à ton oppresseur, tu es seule à représenter et garder l'honneur du genre humain !

Depuis qu'ils te tiennent assiégée, qu'est devenue la justice? Où y en a-t-il une parcelle? Chacun dénonce son traité. Celui-ci sur la mer Noire, cet autre sur le Luxembourg. Plus de liens pour personne, plus de parole. L'Europe entière n'est plus qu'un corps sans âme, à la merci d'un troupeau de uhlans.

Paris, 28 décembre 1870.

XV

EN AVANT!

Au bruit des bombes, au seuil de cette année 1871, qui s'appellera, si nous le voulons, l'année de la victoire, calculons nos chances.

Délivrée du césarisme, la France entre, avec la République, dans le droit et la liberté. Au contraire, l'Allemagne s'enfonce dans le césarisme.

Nous nous élevons, elle s'abaisse. Elle veut avoir son empereur depuis que nous avons vomi le nôtre.

La gloire de notre homme de Sedan lui fait envie; elle veut au moins en porter le nom et la défroque. Nous les lui abandonnons.

Il y avait, dans le monde, une forme de gouvernement dont nous venions d'éprouver la monstruosité renouvelée du bas-empire; c'est précisément cette hideuse dépouille opime dont va s'affubler l'Allemagne. Elle rentre dans le passé maudit que nous venons de quitter : elle reprend la peau du serpent que le serpent a laissée à Sedan et à Metz.

Nous tendons la main à la liberté moderne vivante, l'Allemagne tend la main aux douze Césars dégénérés. De quel côté est la vie? De quel côté est la victoire?

Conservateurs ou libéraux allemands sont dans une pleine déroute morale, puisque chacun va directement contre son principe et s'enferre de ses armes. Un des premiers penseurs de l'Allemagne actuelle, fils d'un homme illustre, Fichte, me disait à propos de Sadowa cette chose étrange qui les peint d'un trait : « Comme homme, je « suis entièrement de votre avis. Comme Alle- « mand, je suis d'un avis diamétralement con- « traire. »

Ainsi ils opposent l'Allemand à l'homme; chez eux, le premier tue le second.

Qu'attendent les conservateurs d'outre-Rhin? L'anarchie. Ils adjurent la démagogie, ils offrent l'accolade des hobereaux à ce qu'ils appellent la populace. Et les libéraux allemands que demandent-ils? Peu de chose. Qu'on nous fasse mourir de faim. C'est pour eux le signe suprême de la philanthropie.

Le beau projet, en effet, sur lequel toute l'Allemagne a les yeux attachés ! M. de Bismark lui a promis de nous faire mourir de faim, au nombre de deux cent mille hommes, pour fêter le nouvel an. Et les Allemands d'outre-Rhin réunis en famille autour de l'arbre de Noël, bougies allumées, demandent impatiemment : Vivent-ils donc encore?

Gloire unique, occasion sans pareille qu'il ne faut pas laisser échapper ! Faire mourir de faim d'un seul coup toute l'élite, toute l'intelligence de la nation française, tous les écrivains de France, penseurs, historiens, poëtes, philosophes, matérialistes ou spiritualistes, peu importe, tous les artistes, sculpteurs, peintres d'histoire ou de paysage, architectes, tous les savants, chimistes, physiciens, naturalistes, médecins, tous les membres des cinq instituts, tous les professeurs, tous les orateurs et hommes d'État, s'il en reste ; et je ne parle pas du peuple, qui périra sans mémoire, pour faire nombre. Quelle idée de génie ! Quelle occasion d'en finir avec une nation rivale ! Honneur, gloire à une conception si grandiose ! Poëtes et prosateurs, artistes et savants, qu'ils tombent d'inanition sur les places publiques ! Alors le rêve de l'Allemagne sera réalisé. Elle primera enfin dans les arts, les lettres, les sciences, la philosophie et l'esthétique. Le recteur de l'université de

Berlin, assisté du docteur Gervinius et du docteur Mommsen, régentera Paris. Sans cela quand donc viendra pour l'Allemagne le règne de l'esprit. Il court risque, en vérité, de n'arriver jamais.

Mais ce n'est pas seulement le règne de l'intelligence que convoitent les Prussiens, tant s'en faut. Si vous tombiez, si Paris devenait leur proie (c'est une indignité de le supposer, et je retire cette affreuse parole), voyez, supputez la ruine matérielle, je ne dis pas seulement ruine publique, nationale, je dis ruine privée. Pour accomplir leurs projets insensés, ils ont besoin de milliards. Où les prendront-ils? Non pas dans les caisses publiques, mais dans votre avoir, dans vos coffres, dans vos veines.

Ils vous feront leurs garants, solidaires les uns des autres, saignant le riche, écorchant le pauvre. Nul n'échappera. Aux directeurs des grandes compagnies ils prendront leur capital, à l'actionnaire son revenu, au rentier sa rente, au propriétaire son fermage, au fermier sa récolte, au marchand son magasin, au paysan ses sabots, au mendiant sa besace, comme ils l'ont déjà fait partout où ils se sont abattus.

Que servira alors de répéter ce mot absurde : que les provinces sont séparées de Paris, qu'elles ne veulent pas entendre parler de Paris. Oh!

qu'ils sauront bien rétablir l'étroite solidarité de la capitale et des départements! Quand il s'agira de mettre la France à sac, ils parleront de son unité. Le midi payera pour le nord, le nord pour le midi; Paris pour la province, la province pour Paris.

Solidarité de ruine, de misère et de honte, si la solidarité de salut venait à manquer un seul jour.

« Cela regarde Paris. Ne nous en mêlons pas. »

Qui, aujourd'hui, oserait en France répéter de semblables paroles? Tout le monde sent que ces ennemis, affamés de pillage, voulant la fortune de la France, iront la puiser dans ses derniers canaux; de la tête aux pieds, du centre aux extrémités, jusque dans le dernier village, entre les mains des producteurs, comme des consommateurs, propriétaires, marchands, ouvriers, paysans.

Ce n'est pas une guerre seulement à l'État, mais à l'individu. Chacun doit être réduit, comme la nation, à rien. Telles sont leurs ambitions, leurs pensées, leurs espérances de déprédations.

Déjà ne poussent-ils pas la démence jusqu'à confisquer en Alsace et en Lorraine les propriétés des Français qui servent la France! Dans quelle guerre vit-on rien de semblable? Chez quel peuple? En quel temps? A cette infamie répondez, Alsaciens et Lorrains, en courant là où est le drapeau encore debout. Venez, arrivez par tous les chemins, aidez-nous à vous délivrer!

Il ne s'agit pas de sauver l'honneur, car dans ce gouffre rien ne serait sauvé; il s'agit de vaincre, et de vaincre à tout prix.

Nous le pouvons. Nous avons retrouvé le droit; l'Allemagne l'a perdu, c'est quelque chose.

Elle s'étonne de nos jeunes armées de la Loire et du nord qui n'avaient pas encore vu le feu et qui surpassent les vieux soldats. Ce miracle de la liberté la confond. Bien d'autres prodiges l'attendent.

Vous chasserez les barbares, ils commencent à se lasser; la France achève de se lever.

Il y a à peine quelques semaines, quand j'adressais mes appels en province, quand je pressais le recrutement des contingents, on me répondait :

« Il est trop tard! D'ailleurs les paysans ont réfléchi, et, tout bien considéré, ils ne sont pas favorables au système de centralisation. — Cela est fort beau, disais-je; mais envoyez à ces philosophes leur feuille de route, ils deviendront des héros. »

En peu de jours cela s'est fait. Ce que j'ai tant demandé s'est exécuté; maintenant nos forces augmentent par le recrutement, à mesure que diminuent les forces prussiennes.

Le pigeon qui le premier a apporté la nouvelle de la formation des armées de secours ne nous a pas trompés. Je sollicite pour lui qu'il soit placé à perpétuité, au haut du mât de la nef, dans les armoiries de Paris.

Si ma foi dans la France m'a permis de voir clair, veuillez me croire encore lorsque j'affirme que, ayant la victoire morale, vous avez toutes les chances de vaincre matériellement.

Quoi! vous espériez quand vous étiez seuls pour vous sauver? Aujourd'hui que la France se couvre de nos bataillons, qu'ils fourmillent de toutes parts, est-ce le moment de douter?

Une chose est vraie pourtant. Rien de pis pour des hommes d'action que de ne pas agir, pour des armées que l'inaction. C'est pendant ces jours stériles que la routine reprend sa puissance. C'est dans ces heures funestes que l'esprit de caserne se substitue au vrai génie de la guerre. L'action dissipera les mauvais songes. Le grand but couvrira les petitesses; et qui pourrait être assez mort à toute idée de gloire pour ne pas se réveiller en de pareils moments?

Il ne s'agit plus seulement de délivrer la France, il s'agit de faire que l'ennemi n'en sorte pas.

En avant! en avant! Il n'est pas un hameau français où ce cri ne retentisse à cette heure. Il est répété par Chanzy, Bourbaki, Faidherbe, Garibaldi, au sud, à l'ouest, au nord, à Autun, à Nevers, à Vendôme, à Lille. Les masses qui chaque jour sortent de terre prennent Paris pour direction. Les rayons de la roue viennent se rattacher au centre; l'immense circonférence se resserre autour de nos envahisseurs. Encore un pas, ils sont engloutis sous un déluge d'hommes. Paris crie à son tour : En avant! C'est le mot d'ordre de la France entière.

Le froid et le gel ne nous arrêtent pas. C'est après tout la température d'Eylau. Il faisait plus froid à Austerlitz, quand son lac était gelé. Il faisait plus froid en Hollande quand nous avons pris la flotte enfermée dans les glaces. Nous saurons supporter pour nous délivrer ce que nous avons bravé quand il ne s'agissait que de conquérir.

Le bombardement que prouve-t-il? La nécessité où sont nos ennemis de se hâter pour éviter les désastres qui les menacent.

Ils ne peuvent attendre davantage, car nos masses grossissent derrière eux. Ils sentent que le temps travaille pour nous. Leur calcul s'est trouvé faux. Ils n'espèrent plus avoir le temps de nous faire mourir de faim.

Oui, le plateau de la balance penche pour nous. Figurez-vous le moment où les armées allemandes subiront un premier échec, à cette distance du Rhin, prises au milieu de nos neiges! Comprenez ce qui arrivera le jour où elles feront un premier pas en arrière! Quelle maison, quel seuil, quelle haie, quelle muraille ne s'armera contre eux?

Rappelez-vous le mot de leur prince Frédéric-Charles. Il se vérifiera ce jour-là. Le vengeur se trouvera partout, partout, partout!

Paris, 3 janvier 1871.

XVI

L'ARMÉE DE BOURBAKI

Un grand souffle de victoire s'élevait, il y a peu de jours, à la nouvelle que le général Bourbaki, sorti du Nivernais, avait réuni quatre corps et que Garibaldi réoccupait Dijon. Cette nouvelle, qui était vraie, permettait de tout espérer. Sans doute, de Dijon, de ce point qui était le plus près de nous, Bourbaki allait se diriger avec ses cent cinquante mille hommes sur Paris.

J'écrivis dans ce sens un mémoire, que j'adressai à qui de droit.

L'occasion était unique ; le bombardement imposait au général Bourbaki la loi élémentaire de marcher au canon. Et qui pouvait l'en empêcher ? La route était ouverte ; de Werder, battu, se retirait à l'est. C'était le moment où toutes les forces prussiennes s'acharnaient sur Chanzy ; l'idée ne venait pas alors de faire un détachement de l'armée d'investissement pour le porter ailleurs que sur le Mans.

Chanzy, en absorbant les forces, l'attention de l'ennemi, donnait à Bourbaki le temps nécessaire pour atteindre Paris.

Sa direction était marquée avec évidence. Il allait marcher sur Troyes, gagner la Marne, appeler à lui Faidherbe, qui avait toute chance de le rejoindre par l'Aisne ; tous deux, au nombre de 250,000 hommes, viendraient tendre la main à l'armée assiégée de Paris. Si la jonction ne pouvait se faire, du moins l'un ou l'autre arriverait au but, et le but était le déblocement de Paris, c'est-à-dire la délivrance.

Une chose a montré combien ce plan, qui était dans la situation même, avait de probabilités de réussite. Garibaldi, poussé par l'admirable instinct de salut, marche dans la direction indiquée ; il arrive au delà de Semur, il bat ce qu'il trouve devant lui. Ce chemin était le chemin de Paris. L'idée militaire était là ; la nécessité de frapper le grand coup à Paris indiquait que la voie ouverte par Garibaldi était la seule qui pût conduire à la victoire.

Nous avons dû croire un moment que ce combat heureux de Garibaldi en avant de Semur montrait qu'il faisait l'avant-garde des quatre corps de Bourbaki. C'était, nous le pensions, l'annonce de l'approche de cette grande armée de secours. Quel autre but raisonnable pouvait-elle se proposer que de secourir Paris par le plus court chemin et le plus sûr ?

Bourbaki, maître de Dijon, sans grandes forces ennemies autour de lui, ayant par le fait gagné plusieurs jours de marche sur les détachements prussiens des Vosges, était dans la situation du général qui tient dans ses mains les destinées de son pays. La fortune lui ouvrait le chemin. En immobilisant les ennemis à distance, sur les Vosges, du côté du Rhin, elle lui donnait quelques jours, où il était maître de changer les conditions de la guerre. Ce sont de ces heures rapides où la gloire et le salut se condensent dans une résolution suprême.

Quelle a été la résolution du général Bourbaki ? Il avait à choisir entre deux objectifs : Paris ou Belfort, la capitale de la France ou Montbéliard, la Seine ou le Doubs. Qui pourra expliquer jamais les motifs de guerre par lesquels le général Bourbaki a négligé Paris pour Belfort, la capitale de la France pour Gray et pour Vesoul, la Seine pour le Doubs ?

Une seule chose est certaine ; à un moment

donné, on a vu cette armée, en qui reposait notre espérance, faire demi-tour. Au lieu de se diriger vers nous par Semur, Troyes, la Marne, la Seine, on l'a vue courir à marches forcées dans la voie qui l'éloignait le plus de nous.

Lorsqu'elle aurait pu être sous nos murs, et se mêler à nous dans notre dernière sortie du 19, elle s'est trouvée, par un cruel miracle, à l'extrémité du département du Haut-Rhin. Nous l'appelions à Montretout, à Buzenval, à Rucil, elle nous a répondu à Lure, à Villersexel, dans le voisinage de l'évêché de Bâle.

Ainsi, pendant que la défaite du général Chanzy, en le forçant à la retraite, l'éloignait de nous, les succès du général Bourbaki produisaient le même effet en l'éloignant plus encore. Les marches du général Bourbaki n'ont pas été contrariées par l'ennemi; au contraire, on dirait que les Prussiens de Werder, de Zastrow, en s'ouvrant devant lui, en abandonnant Gray, Vesoul, sans défense, l'invitaient à s'engager de plus en plus dans cette voie qui menait dans le vide. Pourvu que la grande armée de secours tournât le dos à Paris, pourvu qu'elle se mît dans l'impossibilité de le secourir à temps, les Prussiens tenaient la manœuvre pour inoffensive. Il me semble que je lis l'ordre de M. de Moltke : Laissez-les s'avancer tant qu'ils voudront à l'est, vers le Haut-Rhin; pourvu qu'ils s'éloignent de Paris, tout est bon; au besoin, ouvrez-vous pour leur faire place jusqu'à la forêt Noire.

Au fond, le mouvement de Bourbaki est de la même nature que celui de Mac-Mahon, dans la dernière période. Mac-Mahon à Châlons n'avait qu'à marcher devant lui pour venir couvrir Paris.

Au lieu de cela, il fait demi-tour, marche dans le sens opposé à Paris, et va perdre son armée, Paris et la France, à Sedan. De même Bourbaki à Dijon avait devant lui Paris; poussé par je ne sais quelle contagion, il refait l'œuvre de Mac-Mahon, il tourne dans le sens opposé à Paris, il court à l'autre extrémité de la France; Dieu fasse qu'il ne trouve pas un Sedan à Belfort!

Mais, dites-vous, le mouvement de Bourbaki était bien combiné; il reposait sur une forte conception. Laquelle? Il s'agissait dans cette marche à l'est et sur les Vosges, de couper les communications des armées allemandes. Maître de la ligne de Belfort, on empêchait les convois ennemis de pénétrer en France; dès lors, plus de renforts, plus de munitions pour l'armée prussienne qui investit Paris. Sans approvisionnements, elle serait bientôt obligée de renoncer d'elle-même au siége de Paris.

O illusion des illusions! comme si, pour cerner l'armée allemande, il était nécessaire aux Français de retourner jusqu'à l'entrée des Vosges! Plus on s'éloigne de Paris, plus les lignes de l'ennemi deviennent divergentes. Une armée française est mieux placée, pour couper de sa base l'armée prussienne, à Meaux qu'à Troyes, à Troyes qu'à Châlons, à Châlons qu'à Nancy, à Nancy qu'à Belfort. Si l'on s'éloignait plus encore, jusqu'au Rhin, on trouverait les lignes ennemies plus divergentes de Cologne à Coblentz, à Mayence, à Mannheim, et, si l'on pouvait supposer qu'on pénétrât plus loin encore, les lignes de l'ennemi s'étendraient de Kœnigsberg à Dantzig, à Berlin, à Dresde, à Stuttgart, à Munich. Il est trop évident que, s'il s'agit d'une pyramide, le sommet où toutes les lignes convergent est plus facile à couper que la base qui va toujours s'élargissant.

A ce point de vue, le mouvement du général Bourbaki a été précisément le contraire de ce qu'il devait être depuis le départ de Dijon. Si l'on voulait étouffer l'ennemi, c'était à la gorge qu'il fallait le prendre, aux approches de Paris, et non pas aux extrémités de la Lorraine ou de l'Alsace.

Le bruit court que l'expédition de Bourbaki a échoué ; il n'a pu même débloquer Belfort. S'il en est ainsi nous avons deux choses à faire : la première est de nous défendre de tout étonnement, et cela m'est aisé, puisque ayant considéré, dès l'origine, comme funeste la résolution prise par Bourbaki, et y ayant vu une imitation inconsciente de la marche de Mac-Mahon, je ne puis m'étonner en rien des calamités qu'elle entraîne.

La seconde question que nous avons à nous poser est celle-ci : Que nous reste-t-il à faire ? Pouvons-nous tirer un avantage de l'échec inévitable de Bourbaki ? On nous dit qu'il est obligé de battre en retraite. S'il ne s'agit que d'une retraite ordinaire, il se trouverait que l'ennemi, en le forçant à renoncer à marcher sur les Vosges, l'aurait rejeté dans la direction qu'il n'aurait jamais dû quitter, c'est-à-dire la direction de Paris. Dans ce cas, l'adversité l'aurait servi ; il dépendrait encore du gouvernement de la défense nationale de tirer peut-être quelque parti de nos calamités même.

J'ai supplié le gouvernement de rappeler Bourbaki à la question, s'il a une armée, de lui enjoindre enfin de s'occuper non des Vosges, mais de Paris ! Le gouvernement pouvait à son heure envoyer des messagers, prescrire à Bourbaki de faire tout le contraire de ce qu'il a fait jusqu'ici, c'est-à-dire de se rapprocher du centre au lieu de se porter à la circonférence. Dans le cas où il eût été trop difficile à Bourbaki de changer de méthode et de plan, il eût dû céder son commandement au général qui, dès la première heure jusqu'à la dernière, a marché dans la vraie direction, une fois par Châtillon-sur-Seine, une autre par Semur; ce général est Garibaldi. Il a montré qu'il a le secret des marches, qui a échappé aux autres. Il possède la puissance qui nous est le plus nécessaire en ce moment; il sait ne pas désespérer là où les autres désespèrent. C'est aujourd'hui le premier des arts et la première des vertus.

En supposant que la marche sur Paris soit impossible, il faudrait que les armées de province se donnassent rendez-vous au sud de la Loire, dans les montagnes de l'Auvergne, du Cantal, des Cévènes. C'est là qu'elles trouveraient les champs de bataille qui leur conviennent, et qui leur ont toujours manqué. Cette portion de la France n'a jamais subi la présence d'armées étrangères; elle offre partout des retranchements naturels pour abriter des troupes de nouvelle levée. L'Auvergne, les Cévennes resteraient debout; elles donneraient la dernière base à la guerre nationale, elles useraient l'ennemi et nous rendraient la France. Elles seraient pour nous ce qu'ont été les Asturies pour l'Espagne, le Tyrol pour les Allemands.

Paris, 25 janvier 1871.

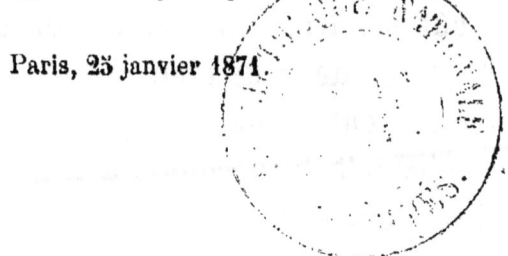

FIN

TABLE DES MATIÈRES

			Pages.
I.	— Aux Français	(9 sept. 1870)	7
II.	— L'Union	(21 sept. *)..	13
III.	— L'Armée de secours	(25 sept.)	21
IV.	— Aux Provinces	(4 octobre)	27
V,	— Appel au Gouvernement	(23 octobre)..	35
VI.	— L'Alsace et la Lorraine	(5 novembre).	47
VII.	— L'Alsace et la Lorraine.	(5 novembre).	55
VIII.	— Appel à la Presse	(12 nov.)	63
IX.	— Appel à la Presse	(13 nov.)	73
X.	— Aux Conservateurs	(1er déc.)	81
XI.	— Pendant la Bataille	(3 décembre).	93
XII.	— La Dépêche de M. de Moltke	(7 décembre).	97
XIII.	— La Nouvelle Forêt de l'Argonne	(18 décembre)	103
XIV.	— La Victoire morale	(28 décembre)	111
XV.	— En Avant!	(3 janv. 1871).	119
XVI.	— L'Armée de Bourbaki	(25 janvier)..	129

* L'Union, par Mme Edgar Quinet.

EXTRAIT DU CATALOGUE GÉNÉRAL

DE

A. LACROIX, VERBOECKHOVEN et Cie, Éditeurs

13, Faubourg-Montmartre

OUVRAGES DE VICTOR HUGO

Les Misérables. 10 vol. in-8. — Prix : 60 fr.

Le même ouvrage. 2 vol. in-18. — Prix : 7 fr.

Paris. 1 vol. in-8. — Prix : 1 fr.

Œuvres oratoires. 2 vol. in-12. — Prix : 7 fr.

OUVRAGES DE JULES MICHELET

Histoire de la Révolution française. 6 forts vol. in-8. — Prix : 30 fr.

Nos Fils. 1 vol. gr. in-18. — Prix : 3 fr. 50.

La Bible de l'Humanité. 1 vol. gr. in-18 — Prix : 3 fr. 50.

OUVRAGES DE LOUIS BLANC

Histoire de la Révolution française. 13 forts vol. gr. in-18. — Prix : 45 fr. 50.

Le même ouvrage. 3 gros vol. gr. in-8 à 2 colonnes. — Prix : 36 fr.

Révélations historiques. 2 vol. gr. in-18. — Prix : 7 fr.

OUVRAGES DE A. DE LAMARTINE

La France parlememtaire. 6 forts vol. in-8. — Prix : 36 fr.

Vies et Biographies des Grands Hommes. 6 vol. In-8. Prix : 30 fr.

OUVRAGES D'EUGÈNE SUE

Les Mystères du Peuple, ou Hisoire d'une Famille de Prolétaires a travers les ages. 12 vol. in-8. — Prix : 60 fr.

Collection de ses Romans principaux. 30 vol. gr. in-18 Prix : 39 fr.